金牌操盘手

吕谦歌 编著

企业管理出版社
ENTERPRISE MANAGEMENT PUBLISHING HOUSE

图书在版编目（CIP）数据

金牌操盘手 / 吕谦歌编著 . –– 北京：企业管理出版社 , 2019.11

ISBN 978-7-5164-2012-6

Ⅰ . ①金… Ⅱ . ①吕… Ⅲ . ①房地产—基本知识

Ⅳ . ① F293.3

中国版本图书馆 CIP 数据核字 (2019) 第 186817 号

书　　　名：金牌操盘手
作　　　者：吕谦歌
责 任 编 辑：赵　琳
书　　　号：ISBN 978-7-5164-2012-6
出 版 发 行：企业管理出版社
地　　　址：北京市海淀区紫竹院南路17号　邮编：100048
网　　　址：http//www.emph.cn
电　　　话：编辑部（010）68416775　发行部（010）68701816
电 子 信 箱：qygl002@sina.com
印　　　刷：河北盛世彩捷印刷有限公司
经　　　销：新华书店
规　　　格：710mm×1000mm　1/16　14.75印张　236千字
版　　　次：2019年11月第1版　2019年11月第1次印刷
定　　　价：58.00元

目录 CONTENTS

第十一章 定　价

第十二章 费　效

序言　房地产业集体焦虑时代的新趋势

这是一个集体焦虑的时代。

2018年以来，房地产行业正式进入下半场，受房地产市场调控和金融紧缩政策的影响，房地产行业普遍面临融资难和融资成本高的问题，中小开发商生存压力加大，行业集中度加大、分化趋势明显。

目前的房地产市场是破壁机，打破了所有房地产企业组织细胞内的焦虑感，彻底破壁。即使是前三强的房地产企业，也在焦虑中调整和潜行，做行业龙头的冲动依然在，但发展质量才是硬道理。

恒大开始降负债、优布局、补优质土地，从"规模型"向"规模+效益"转变，同时更加注重增长效益和质量，并侧重增加一些三线城市优质土地的储备。

碧桂园对战略的调整速度也值得称道，收缩之前的战略冲动，暂停四五线城市"全覆盖"战略，调整不操盘的合作项目，提高权益占比，对拿地质量和资金投入回报率提出了更高要求。另外，加强工程质量管控，体现出了行业"老大"的觉悟，标杆始终是标杆。

行业发展和分化到现在，房地产企业开始出现了几个趋势。

一、和自己对赌的下一个十年

接下来的十年，是中国房地产行业洗牌的十年，是剩者为王、强者更强的时代，这将是大型房地产企业的黄金时代，中型房地产企业的十字路口，小型房地产企业的生死时刻。不同规模、不同竞争力、不同资源的房地产企业将面临不同的选择和结局，或弯道超车，或被挤下赛道，或临近终点时发现赛道是错的。大型房地产企业可以错三步，中型房地产企业可以错两步，小型房地产企业错一步就是灭顶之灾，房地产行业正式进入"大鱼吃小鱼"的时代。在这个时代，大公司之间"火拼"，先"死掉"的是小公司。快鱼竞技，先"挂"的是慢鱼。100强房地产企业中只有前20强企业是暂时安全的，剩下都有很快掉队和被超车的可能。留给房地产企业进入保险箱的窗口期已经越来越短了，要有和自己对赌的决心和勇气。以后，房地产企业有两种命运——洗别人的牌或被别人洗。

房地产行业还有格局固化前的窗口期，但窗口期只有两三年，之后就是小众游戏了，行业壁垒将在三年后大幅抬高。当然，资本还可以进入，但更多是通过收购现有玩家的入场券而进入。

之前的十年，由于没有多少房地产企业完成真正意义上的全国化布局，或者说布局的深度和伸出的触角还是下沉不够的，所以大多是赌时代、赌周期、赌时点。下一个十年，前20强企业可以通过规模优势化解布局战略风险，通过规模穿越行业周期，通过规模获取较低成本的资金和资源，但20强以外的企业要做垂直，赌赛道、赌市场、赌经营战略。从本质上讲，下一个十年，剩者为王、强者更强，房地产企业更多的是和自己对赌。

二、从赌时代到赌赛道

前两个十年，房地产是需要一些"赌性"的。

没有提早全国化布局的房地产企业，大多赌错了。

重仓在度假项目上的房地产企业，大多赌错了。

重仓在商业赛道上的房地产企业，大多赌错了。

重仓在商住项目上的房地产企业，大多赌错了。

重仓在东北地区的房地产企业，大多赌错了。

过早重仓在西南地区的房地产企业，大多赌错了。2015-2016年上半年撤离西南地区的房地产企业，全都赌错了。

港资房地产企业错了两次。一是经营策略错了，以囤地思维故步自封，错过了高周转的绝佳市场机会，当年的资金优势没有转化成行业份额优势；二是投资战略错了，过早看空内地市场，错失了这几年的市场红利。

过早开始轻资产和做去地产化敢于断舍离的房地产企业，大多赌错了。

重仓在养老地产上的房地产企业，目前还看不出来对错。

过早进入和重仓三线城市的房地产企业，大多赌错了（碧桂园除外）。过晚胡乱进入三线城市的房地产企业，大多也会赌错。

会赌的企业，跑赢了大势，赶上了热点，实现了弯道超车。赌是需要眼光的，需要决绝的狠劲，需要看穿行业周期的预判能力，更需要跨越寒冬的融资能力和财技。好的"赌徒"知道什么时候叫牌，什么时候坐庄，什么时候放弃。

在改善型地产领域，泰禾、金茂、融创、绿城都是坚定的产品主义者。

在绿色地产领域，金茂、朗诗和当代一直做着不同的尝试。

在智能家居领域，美的有着先天的产业优势，布局态势不错。

在教育地产领域，有不同的玩家，但目前好像还没有太抢眼的表现。

在经营模式上，越来越多的房地产企业注重周转速度，跟投成为新的战略选择。

在城市选择上，越来越多的房地产企业选择城市群而不是城市。在城市能级上，越来越多的房地产企业重心下沉，强三线城市成为新的主战场。当然，是否继续下沉，取决于企业的平台系统力和营销端的能力。

三、安全阀与地产金融化

2018年这一轮政策调整，让房地产企业融资成本快速上升，融资难度加大，和金融机构的博弈能力下降明显，资本的无形之手开始发力。房地产企业，短期看规模成长，中期看运营效率，长期看安全边界。一个房地产企业的掌门人，首先要关注的是资金的可获得性；其次，关注的是现金流和资金安全，企业的底线是否可以守住；再次，关注的才是资金的使用效率和利润实现。安全阀和生命线思维将占据企业的主导，越来越多的房地产企业会向金融化转变，投资特征将更加明显。房地产金融化是大势所趋，算账是房地产企业经营的刚需技能。

房地产本质上讲是做金融杠杆的，是金融游戏。金融以增值为目标、以杠杆为手段、以信用为基石、以边界为风险，形成大的运作系统。房地产企业要与时俱进、及时调整，打破传统开发商思路，以金融公司的手法做开发，按照基金的思路做管理。

平台化是房地产行业组织进化的趋势。之前的组织结构，多是金字塔形，今后转型是充分而且有必要的。大平台＋小集团＋项目集群的三级架构是以后房地产企业的标准组织架构。让区域和项目自己去找地，不投或者少投需要自有资金投入的项目。让区域和项目去找钱，找低成本的钱，找约束条件少的钱。集团大平台或总部变成投资人角色，当股东、做职能调教、给资源做支持，当然，还有做管控。平台化，不代表公司监管放松，不代表管控动作变形。当然，规模还是房地产企业的主要诉求，因为规模是获取融资、土地和上下游各种资源的载体，是和未来对赌的筹码。

四、精耕细作，运营是王道

当市场上行时，人们总是盲目乐观，相信购买力永不枯竭。当市场下行时，人们又容易滋生恐慌情绪。其实，今后的房地产市场的状态将是：调控期→横盘期→恢复期→调控期……今后的市场将会在一个区间不太大的波段内上下循环，下有政策托底，上有政策见顶。今后的市场需求趋势是：需求产生→需求释放→需求积累→需求释放……今后的客户心态趋势是：跟风和抢购心理→跟风和看淡市场→跟风和悲观心理→跟风和看好市场→跟风和抢购心理……政策驱动估值，市场锚定上限。

对市场充分乐观时，其实就伴随着巨大的政策风险。对市场无比悲观时，其实无数人比你的压力大得多，意味着转机就在眼前。不要轻言周期论，每一次横盘期的长短取决于资本的解禁速度和相关部门对经济下行压力的容忍度。

我们必须认识到，日不落行业也有艰难的时刻，黑夜狂奔、野蛮生长的时代已经一去不复返了，基于城市化进程的人口红利发展模式日渐衰退，市场的空白点和竞争的真空地带基本被填平。开发商要学会种人参了，精耕细作慢工出细活，回归商业原点，主动拥抱时代变化。那么，个人和企业如何穿越周期，并且在周期波动中找到个人的小确幸和企业的生存之道？

这是一个需要努力奔跑才能停留在原地的时代。下一个十年，既需要讲方法论，也需要精耕细作，尤其运营端是房地产企业今后的发力点，是在红海里血拼的商业逻辑本质。从关注增量市场到关注存量市场，从关注外在风口到关注内生业务管理，从重视拓展到重视运营，从粗放发展到强运营、关注运营效率、关注安全边界，通过运营效率提升生产力是红海时代房地产企业的丛林法则。运营是生产力，更是行业新壁垒，是行业新动能。而营销能力的价值将会进一步放大，当然，营销人的压力也会陡增。营销能力就是变现房地产开发成果的能力，是运营能力的终极体现，是推动货量供应、让工程节点和需求对接、产品设计和市场对位的直接结果。所以，房地产行业对营销人才的需求会更大，标准会更高，营销人有广阔作为和发展空间。

本书是房地产行业营销类内容的专业书籍，里面所提到的组织和架构等所有内容都是围绕着房地产行业尤其是营销条线展开的。

吕谦歌

2019年3月

前言　关于金牌操盘手

在做房地产营销管理的十多年里，一直困扰我的是买不到高质量的培训资料，每次给团队做培训都要自己写教材。市场上能够买到的营销管理类书籍都太浅了，尤其是缺乏站在高层管理者视野上的洞察与分享，既没有顶层思维，又缺乏实践，毫无借鉴意义。也请过一些外部培训师，但发现真正懂房地产营销管理的还是在行业内、知道冷暖的我们。这是一个令人遗憾的空白空间，如果没有高质量的总结与分享，这个行业的生产力就不会有进步。一直有很多同事和朋友劝我写书，我先后尝试了两次，都半途而废了，这次终于逼着自己坚持了下来。

本书的主题是打造房地产金牌营销操盘手，读者定位于想在专业条线有所建树的营销人，当然也适用于房地产行业其他条线的管理者，尤其是总裁级的集团高层管理者。这本书是补知识体系的营销图书，书里有我在十多年营销管理岗位实践中积累的经验与教训的总结，涵盖对组织的理解，因时因势对企业架构和权责的梳理，对团队打造和管理的心得，对投拓和产品定位的洞察，对货值管理、定价管理等体系化的总结，对市场、拓客、策略和开盘组织等落地技术动作的解析。

本书从宏观到微观，从全流程管理到全价值链打造，有系统性，有方法论，有实操技术，这是真正站在甲方视角上的经验总结。本书有顶层思维的营销深度思考，也有最贴近市场的营销战术；有对营销操盘手工作体系的全面解读，也有对客户转化的底层逻辑思考。与其说本书是管理书籍，不妨说这是工具书，或是对高级营销管理者的进阶培训教程，是拿来就可以用的培训资料，适合房地产企业内部培训使用。

感谢我工作过的碧桂园和中昂集团等平台，尤其是在碧桂园的五年，恰逢其大发展，见证了一家优秀企业的公司治理、管理体系、领先的理念以及代表着行业生产力水平的技战术打法，学习汲取了很多营养，并有幸与很多优秀的同事论道切磋，惺惺相惜、砥砺同行。本书也借鉴了碧桂园和中昂的一些典型案例，向优秀的碧桂园营销人致敬。

其实，我个人在写这本书的过程中也学到了很多，逼着自己对工作体系作系统性梳理，既是压力，也是挑战。坚持的过程，有倾诉的快感，有和自己较劲的痛楚。但是，既然要授人以渔，总不能误人子弟，自己出品的就要代表自己的水平，为了口碑只有拼了，不是良心不出书。

回到正题，说说我理解的金牌营销操盘手吧。营销操盘手很多，堪称金牌操盘手的凤毛麟角。什么样的操盘手才可称之为金牌操盘手？

金牌操盘手，首先是一个思想高站位的行动者，了解公司的顶层思维，洞悉公司管理层的战略逻辑，善于学习和思考，不盲目、不盲动，带着战略意识和经营思维去工作；同时，金牌操盘手又是实践者，既能仰望星空又能脚踏实地，是把理念付诸行动的转化者。其次，金牌操盘手具备很高的职业素养。他（她）应了解组织运作规律，尊重公司架构和管理体系，明白授权与工作的边界，认同企业的文化和制度，能够正确看待任务和目标，对待工作有信念、有恒心、有紧迫感，有强大的内在驱动力。他（她）会自带光和热，自己本身就是发光体，自己给自己打鸡血，活成自己的灯塔，始终相信目标能够达成。他（她）能够在垂直线条赢得专业认可，也能在横向部门获得高度认同，在公司上层和基层都有一定的个人威望，是组织的制度贯彻者、理念践行者、边界衔接者、文化布道者，是知行合一的职业经理人。

金牌操盘手应是系统思维的高手，也应是解决问题的能手，有对局面强烈的掌控欲望。他（她）应逻辑清晰，能短跑，也懂长跑，杀伐决断，会集权、懂授权，既能守正又能出奇，善打组合拳，善于统筹和协调资源，把问题消弭于无形。他（她）应长于布局，也懂官子。他（她）应知道营销是用业绩和结果说话的，交答卷是营销人的天职，业绩是营销人唯一的尊严，也是营销人最好的护身符。他（她）应是改变战局的关键先生，会"死磕"目标，走出舒适区，突破存量能力局限，用一切可以使用的手段去解决问题。问题的完成壁垒有多高，就意味着荣誉的丰碑有多伟岸。

金牌操盘手＝优秀的业务技能＋卓越的团队管理能力。他（她）不仅应该个人能力强，而且也应擅长带团队，懂底层逻辑，通过专业和个人魅力赢得团队尊重，调动基层员工的积极性，带着团队一起做事情。他（她）对团队应有很强的掌控能力，具备令行禁止的个人威望，有能力锻造无坚不摧的"铁军"。

金牌操盘手是执行者，更是布局者。他（她）应是一个偏执狂、理想主义者、掌控狂，有很强的预判能力，对于业务能掌控前端、中端和后端，对于管理能做到绝对掌控。他（她）应深谙营销是经营之道，有全流程经营意识，懂得重量级的营销高手都是发力在前端。他（她）应具备良好的审美品位和产品打造能力，也懂得投拓之道，给自己创造"面粉"，能够在项目开发前端做规划，做到一切尽在掌控。他（她）会让自己增值，把组织壮大，从而壮大自己。

金牌操盘手这样段位的高手是打拼出来的，是自己给自己系统加压总结升华蜕变得来的，是通过掌控做到的。他（她）知道所有结果都是可以掌控的，而且必须掌控，营销结果就是经营能力的体现，所有偶然背后都是必然的累积。

吕谦歌

2019年3月

01

CAO PAN

第一章 组 织

第一节 组织的价值

组织的价值在于搭建体系、保障运营和内驱赋能。

搭建体系：组织的意义就是建立一个体系，把前台经营和后台保障等各种资源整合在一起，通过架构设置、规章制度、绩效考核等管理工具给团队环境、约束和保障。一个组织的成熟运作就是通过管理去释放业务势能，让知识沉淀、让对接顺畅、让保障充分、让激励落实、让举措发声、让动作有力。

保障运营：组织的协调功能让组织的所有机能为业绩负责，以效果为导向。组织内的资源顺着业务线流动，市场就是天然的万有引力，也是百川归海的方向。组织内的所有沟壑最终都会被价值填平，生存和盈利的驱动力最终会分解各部门耦合的摩擦力。当组织各个组成部分的细胞液不均衡时，组织也会发挥边界机制和刹车机制。

内驱赋能：优秀的组织里会涌现大量人才，但不会过度依赖某个人才。组织里的人员不会都在同一跑道的同一起点上，但如果一批人在一个组织内无法成长，这是组织的悲哀，是管理的无能。

好的组织会树立领先者做榜样，更会帮助团队里的落后者补短板，让普通人展现超凡的绩效，激发每个人潜在的优点，让团队实现自我驱动和裂变成长。优秀的组织，它的成员会日拱一卒，每天有小目标和小进步的。

组织的内核是架构，经络是体系，血肉是团队，灵魂是文化。组织的进化方式是两头带中间，两头推动，上搜下推。金字塔尖的人把下面的人往上搜，带领团队前进。金字塔基座的人往上推，集体向上走。组织就是要用最优秀的人带动优秀的人，用卓越消灭平庸，建立一个倒金字塔架构或是橄榄形架构，能力低的塔座越小越好，中坚力量的塔腰甚至是塔尖越大越好。

第二节　组织的色彩

人、制度和文化是构成组织的三个要素。

企业的色彩是由企业的最高负责人的个性、风格、格局以及品位决定的。肯于分享的企业，一定是企业的最高负责人舍得分享。产品打造能力强的企业，企业的最高负责人一定是个偏执狂，是超级产品经理，并且对产品有良好的趋势把握能力以及审美鉴赏品位。企业不甘于平庸，有永不满足的发展动力，有和时代有对赌的雄心，这些都是因为企业的最高负责人的自信、魄力和眼界。企业风格或积极进取或狂飙激进或稳健保守，代表着企业的最高负责人的个人风格色彩以及他的发展追求，是企业的最高负责人的战略选择。而项目的色彩，是由项目操盘手决定的，在房地产行业，也就是项目总经理和营销负责人。新打造的项目如同一张白纸，赋予怎样的色彩，它就是怎样的色彩。打造怎样的调性，它就有怎样的调性。注入怎样的元素，它就有怎样的血肉。即使收购类项目，也可以按照操盘手的思维来定位项目风格。在没有当地政府明显政策引导或监管的情况下，项目的产品定位、建筑风格、园林景观、装饰细节、物业服务以及推广调性、新闻炒作、社群文化、公关活动和资源整合都是项目成长的阅历，最终塑造成血肉饱满的性格色彩。

组织色彩是由组织的一把手决定的。在一个企业的不同中心和不同部门，也都有不同的组织色彩，这些都是由组织的负责人、领导者打造的。你看到的某个企业工作作风守旧、效率低下拖沓、本位主义蔓延恣肆，只是因为该企业的负责人就是一个"官僚"。同理，某个企业员工工作积极热情、服务配合意识到位、团队氛围风清气正，也不必感叹员工道德品质和职业素养高，其实只是其负责人一贯督促善于约束形成了员工的工作习惯、改善了团队的工作作风而已。一把手文化,不仅体现在签字报销的一支笔,也要体现在企业文化和作风的塑造上。

一般来讲,组织通常有五种色彩:红色、绿色、黑色、橙色和灰色。

红色组织:红色组织是开拓型风格,作风进取、敢冲敢打,领导风格多为强势型风格,团队作风整体硬朗,也许会有思维简单、考虑问题不够成熟的一面,也许会略微忽略后台建设和管控,但有利于开疆拓土和攻城,一般适用于销售或拓展部门。

绿色组织:绿色组织是温和型的后台组织,团队佛系思维,有利于组织内的润滑沟通和协同帮扶,适用于行政和人力部门。

黑色组织:黑色组织是保守的刹车型组织,从每一件事上都能预见风险,充满浓重的忧患意识,领导谨小慎微,员工如履薄冰。该组织边界清楚,非黑即白,黑大于白,不轻易承担责任,适用于财务、成本和内控部门。

橙色组织:橙色组织是专业度较高的群体,开放思维,善于逻辑推理和思辨,洋溢着智慧和热情开放,适用于策略和研发部门。

灰色组织:灰色组织是中间地带,介于前台和后台之间,处于进攻和防守的角色转换之间。灰色组织通过职能分配和边界区分创造价值,保障组织运行。灰色组织适用于运营部门。

一个企业在成长期应该多一些红色,少一些黑色;在瓶颈期多一些橙色,弱化一下灰色;在成熟期适度多一些灰色,加一些绿色。

第三节 组织的进化趋势

战略决定结构,存在的也许合理,但不代表趋势。组织结构的存在与调整是服务企业经营战略,而不是反过来让战略为组织结构服务。顺应时代、顺应市场、能够提前洞悉产业趋势的才是进化的力量。

什么样的商业组织代表行业的发展进化趋势呢？以目前的行业趋势看，适应时代的是分区式组织。所谓**分区式组织**，就是发展内核统一，但组织的外在采取分区方式，即高层平台型，中基层金字塔型。

一、高层平台型

所谓平台型，即生态型组织，是未来组织发展的趋势。可以把平台型组织理解为组织的孵化性。组织的中高层选择这个平台，不仅仅只是为了赚钱，还有社会价值被认可、开创一番事业、培养一个团队以及在行业内有所建树的追求与情怀。

平台的量级要能提升建立自己的业内地位，平台的包容开放性适合去获取资本、获取和孵化项目、对接资源和深耕市场，管理上的轻资产让平台生态型得到提升，释放了中高层做大做强的生产力，裂变和孵化功能明显，它的运行机制是项目管理和项目群管理，项目集群化是未来的趋势。但是，平台型组织是需要一个规模和门槛的。门槛包括规模门槛、资本门槛和机制门槛。

二、中基层金字塔型

金字塔型是传统组织模式，适用于基层和中层。对于中基层员工，看得到的薪酬和激励制度（如即时的利益分享、成长环境的历练以及短期看得到的梯级晋升空间）比事业平台要实在和现实得多。一个金字塔形模式，内里是矩阵形的架构，建立了一个赛马的晋升通道，对于级别不高的员工更具现实意义。

第四节　如何保持组织活力

有活力的组织大多具备如下几个核心要素：组织裂变、内生生态、赛马和人力资源推手。

一、组织裂变

如同机体的成长需要细胞裂变，一个组织的发展也是需要组织裂变的，需要进行区域裂变，以诞生更多的内生力量、出现更多的发力点、贡献更多的成长值。

组织要想跑赢行业标杆增长速率，必须实现组织裂变。我们看到，碧桂园等企业的裂变速度是很快的。2016年，碧桂园开展了"横向切割、纵向裂变"，引导区域实现强制切割和自我裂变。所谓"横向切割"，就是由集团强制把一个管辖范围过大的区域切成若干个区域（当然，也有区域因为业绩不理想或市场份额和业绩规模与区域市场规模不匹配而被切割）。所谓"纵向裂变"，就是在"集团—区域—项目"的传统三级架构外再加入"大区"和"片区"的层级。虽然这种新架构不够扁平化，但碧桂园的尝试却值得称道，一个已经如此大的组织依然不断探索新架构的合理性，在组织管理模式上不断进行革新，增强了市场覆盖能力，释放了组织活力。而区域裂变后新生力量的快速纵向下沉，又实现了市场纵深。通过不断的创新和变革，为公司后续的发展提供强劲动力。如果一个组织无法快速实现裂变，其有贡献能力的区域、有突出贡献的团队和个人也是有限的，同时也压抑了大多数人的成长空间。通过组织裂变，给更多人提供公平竞争的赛道。

二、内生生态

发挥平台优势，建立内生生态和系统优势，形成外部合作以共生、上下游信用健康富生态、集团总部和区域同欲共进退、总部对区域孵化、区域对项目群裂变的良性运行状态，让上下都合拍，外部肯背书，内部懂合作。

通过合作机制把中高层的利益捆绑在一起，大平台进行战略定位，提供资源支持和孵化帮助，做标准体系搭建和管控动作、利润分配和守边界。区域前端实现自我运作和项目群孵化。

三、赛马

一个组织能够保持持续进步、对冲组织惰性、化解经营活力不足的机制就是赛马文化。用数据和结果说话，不务虚、不浮夸，到点交卷，业绩至上。结果导向型的结果就是团队心无旁骛，赛马成为组织的主流文化，压力和动力并存共牵引，使命必达成为团队的标签。

赛马比相马重要。组织不封闭、不保守，有新鲜血液流进，有新陈代谢循环，团队有方向，做事有动力，能够实现自我驱动。竞争上岗，定期洗牌，激励制度牵引。

相马是相对公正，赛马才是绝对公平，在赛马中发现问题，锻炼团队，选拔人才。

四、人力资源推手

组织要进化，人力资源是重要推手，是变革驱动者，是不可或缺的力量。简单来说，就是人力资源团队必须走在变革的前面，人力资源团队需要懂战略并有前瞻眼光，有快速的反应和强大执行力，并且将变革相匹配的活血注入组织。另外，人力资源团队要发挥人力调节机制，激发组织动能和确保组织活力。海尔集团的"三工并存，动态转换，海豚式升迁"方式就是良好的借鉴模式，采取强制分步法对员工进行评价，把全体员工分为"优秀员工、合格员工和试用员工"三种，强制分配一定比例，享受不同待遇，并根据工作业绩动态转换，整个转换过程全部公开化，保持整个团队的活力和进取心。

第五节　营销在房地产企业中的定位

营销是一个组织的驱动力。很多组织表面上看是由技术变革驱动的，其实还是基于市场和客户需求本身，由营销倒逼研发系统进行的技术迭代，助推了组织进化。如果把房地产企业比喻成一辆汽车，工程是底盘，财务是刹车制动系统，运营是导航和变速器，营销则是发动机和燃油系统，是四驱、雪地等各种全天候野外模式，负责让组织澎湃和快速奔跑起来。营销的价值在于基于市场和客户需求本身，形成的底层牵引力，成为组织里人人讨厌但却能改变整个生态系统的那条鲇鱼。

不重视营销的组织，一定不是好的组织。有营销基因的组织，一般业绩应该差不了太多。说重视营销的组织很多，真正重视营销的组织很少。重视营销的组织很多，给到充足政策支持的组织很少。说少给营销设限的组织很多，但以营销倒逼供货和工程质量的组织少之又少。

营销是组织内的"第二运营"。所谓"第二运营"，就是说强悍的营销管理，要有"大运营"的思维，统筹营销工作开展所需的各种要素，协调营销工作开展的各种内外部资源，以营销工作开展为导向，倒逼工程、设计、投拓等条线的工作方式，倒逼供货组织和供货节点、倒逼工程交付和工程质量、倒逼投拓和设计前端以市场和客户为导向，形成并事实上发挥运营的计划管理和全局统筹作用，推动整个组织运转。

第六节　房地产营销组织的竞争力

每个时代，真正的赢家都是选对组织并与优秀组织共生、共同发展的人。当组织跑赢了行业、战胜了时代，团队里的每个人也就取得了自己的成功。但一个房地产营销组织的竞争力是如何体现的呢？

优秀的房地产营销组织往往是具备如下几种类型于一身的：集权型、生态型、学习型、赋能型。

一、集权型组织

关于组织决策，让听见炮声的人做决策就对吗？乔布斯说过，如果让人们去选，这个世界上就不会有火车了，人们只需要一匹跑得更快的马。屁股决定脑袋，位置的局限性往往决定了一个人的思考高度。所以，决策应该让真正做高层管理的人来定，来自食物链顶端的人做决策才是对组织真正负责。

集权有道、授权有章，分权有序、用权有度。一个组织的领导者必须在组织内拥有绝对的权威，可以掌控组织的走向。一个组织是需要集权和高度统一的，组织越大，越需要集权统一，越需要调频，把所有人调整到一个频道上，发出同一种声音和共振。集权统一的好处就是保证战略不走形、方向不跑偏、宣传不走音。把高层决策快速传达和落实到基层，让基层保持执行力，可以减少组织内的管理成本和磨合成本。虽然集权统一会有封闭的弊端，但高度集权统一对一个庞大的组织的意义远远利大于弊。比如碧桂园的营销条线，就是一个集团强管控型的组织。当碧桂园的"十里银滩""十里金滩"等项目的大开盘采用大军团作战模式时，从全国各区域调集上千名销售顾问支援，集团营销中心一声令下，全国所有区域必须无条件服从和配合，一千多人可以在三天内召集和调动到位，而且对支援人员的入职时间、业绩能力都有明确的要求。如果不是一个高度统一的组织，这种执行力是根本做不到的。

碧桂园在马来西亚的"森林城市"项目，本来自身条件并不理想，但依托国内区域，把带客和成交任务分解给国内区域，以月和周为单位进行考核与处罚，奠定了其成功基础，国内输送上岛的优质中国客是"森林城市"成功的第一法宝，硬是把一手普通牌打出了王炸。恒大的"海花岛"同样采用了这种方式，也取得了不错的效果。

二、生态型组织

赛马不意味着孤立。一个组织的生态性是组织良性运作的必要保障。对外的生态性就是在组织外部拥有良好的口碑和工作关系，在产业链、行业上下游、价值链条的各个环节有顺畅的工作对接保障，外部单位、政府部门、新闻媒体、社会大众、业主和客户，还有组织内部的其他部门有一定的信用体系，合作单位愿意提供信用背书，还有良好的工作互动和业务沟通，愿意提供良好的工作配合。对内的生态性，就是组织内部有良好的协作关系，不内耗，分工明确，但又不死守工作边界，愿意在边界交叉或边界模糊地带有更多的协作和承责。在组织里，没有人是孤岛，大家同舟共济，有一定的团队合作意识。

肯协同，善补位，同时在工作模糊地带肯于"适度越位"，是生态协作型组织的特点。好的组织是热带雨林，彼此吸收养分，又遵从丛林法则，可以野蛮生长、适者生存。

三、学习型组织

组织的三个层次：三流团队依靠薪酬和激励推动，二流团队依靠平台和制度驱动，一流团队依靠学习和体系驱动。时代进步太快，现有的知识体系很容易过时。打造学习型组织是企业永葆活力和竞争力的不二之选。对标最新生产力典范，让思路和技术打法适应新趋势，拥抱市场新变化。

主动学习远比被动学习重要。专业学习远比跨界学习重要，不要好高骛远，要先把一个专业悟透。专业学习最重要的是对标专业内的标杆个人，学习同岗位标杆工作体系，研究标杆案例，领会标杆标准。

建立学习的完整链条。"博学之，审问之，慎思之，明辨之，笃行之"是一个完整的学习过程，系统学习远比碎片学习重要。但是，碎片化学习也是一种有效的学习方式。日拱一卒，有时间就学一点，慢慢积累，集腋成裘。碎片化案例难以培养一个体系，但会填充你的过程。

向内学习远比向外学习重要，企业内部的运作规律和经验分享更务实。学习企业内的先进个人和先进案例，尤其是业绩和成果最好的项目和个人。因为业绩不会说谎、成果不会骗人。

四、赋能团队

组织要实现进步，必须为团队赋能。企业的作用首要是为股东创造利润，其次是让团队成员在企业内得到成长、得到能力上的提升、实现个人进步。赋能团队通过赋能提升团队的协同能力，形成企业和个人的共生关系，实现个人和企业的强强对话，让整个企业的能力水平上一个台阶。

为团队赋能，主要分为业务知识学习层面、业务知识应用层面、能力挖潜和以战养战这四大方面。

（一）业务知识学习层面

（1）学习地图：帮团队系统性梳理工作的大类、小项，建立整个团队的学习地图。无论是对于新员工的入职学习还是老员工的查漏补缺都有良好的指导意义。

（2）垂直培训：垂直培训是提升专业度的最好方式，实现知识体系的自上向下的技术传递。

（3）考核机制：与团队一起讨论设定考核机制，为新老员工树立更高的工作标准，更有利于能力提升。

（二）业务知识应用层面

（1）领导牵头对新晋同事帮扶：对于新员工，或是员工在某些业务模块上的短板，或是员工存疑的部分知识领域，在知识体系的各个方面给予全方位的指导和支持。

（2）答疑机制：建立领导和团队成员之间畅通的沟通、答疑机制，对于员工在学习和实操中遇到的问题耐心地给予指导。

（3）轮岗机制：建立轮岗机制，在各个工作板块之间做轮岗、人员调配，确保员工的综合能力得到提升，建立更为全面系统的知识体系。

（4）量化考核：通过学习、培训，及时组织考试，通过案例分析、问卷等相关办法验收学习的成果与体会。

（5）案例分享：对于一些优秀案例，组织相关同事做案例分享；同时，领导予以技术点评，给予实例操作说明，更有利于其他同事借鉴吸收。

（三）能力挖潜

能看到团队成员的能力边界，但又不局限和死守能力边界。每个人心中都有一团火，但大多数经过的人只看到烟。作为领导，要看到每个人心中的烟火。

（四）以战养战

通过实际的操盘锻炼，把团队员工放到一线，放到实际工作环境中去锻炼、成长，尤其是放到优秀团队、优秀操盘手身边观摩学习，实战操盘是赋能的最有效手段。

第七节　组织的语言

每个行业都有自己的语言，每个组织也都有自己的语言。组织语言是一种文化建设，是制度宣贯，是组织基因的体现。组织语言的精髓就在于组织的数字密码，有数字密码的企业在组织内部建立了工作标准和规范要求，形成自己的"军规"和文化倾向。所以，建立和规范数字密码是一个企业的领导者必须刻意经营和开展的长效工作，且随着企业经营战略的调整要与时俱进。

我们以碧桂园为例，解读一下它的数字密码。

一、"432"

四持续：持续溢价、持续热销、持续资金为正、持续品牌提升。
三完美：完美开盘、完美交楼、完美收官。
两目标：价值双享、口碑相传。

二、"456"

四个月开盘，五个月资金为正，平均六个月将回笼资金投入到新项目中。

三、"1+3"

一个目标：确保项目利益最大化，从而实现公司利益最大化。
三级管控：总部精干高效、区域做实做强、项目责任到人。

四、"32"

首期三个月实现销售后，每两个月推出适销对路产品，以市场为检测，小步快跑。

五、"1133"

集团对区域每一个月销售款回笼排名奖罚，每一个月计划运营排名奖罚，每三个月工程质量排名奖罚，每三个月全成本考核排名奖罚。

六、"12123"

区域每一个月资金预算管理检查，每两周进度计划管理检查，每一个月工程质量检查，每两个月成本管理检查，每三个月物业品质检查。

七、"三强、四抢"

三强：强人才、强管理、强物业。
四抢：抢土地、抢开盘、抢推货、抢现金流。

八、"789"

开盘当天去化率不低于70%，开盘后一周内去化率不低于80%，开盘后一月内去化率不低于90%。

总结一下，碧桂园的数字密码就是围绕高周转展开的，以实现同心共享和成就共享为导向，规范各个条线，从集团到区域到项目的工作标准、运营目标，形成了独特的碧桂园"军规"，强化时间节点和资金运作效率。当然，随着企业战略的调整，碧桂园的数字密码也在不断更新迭代。得数字密码者，自成"军规"。

02

CAO PAN

第二章　团　队

第一节　如何建立团队

建立团队就是确定目标、明确定位、选人用人、建章立制。团队很容易建立，但不同的策略选择会导致不同的效果，有的成为虎狼之师，有的沦为一盘散沙。其中，人是组织的诸多要素中最重要的生产资料，选人、用人是建立团队最重要的环节。选人、用人，要坚持差异化策略。

所谓"**差异化用人策略**"，就是建立团队时根据组织内不同的平台，采取分平台、分市场、分岗位进行差异化策略选择。用好人，用对人，把对的人用到对的地方，做人员上的不同定位。

一、分平台差异化用人策略

集团用人应着眼于眼界，高屋建瓴；区域用人应着眼于谋略，雄霸一方；项目用人应用闯将，攻城拔寨。集团用人，人企匹配；区域用人，人职匹配；项目用人，人岗匹配。

（一）集团用人应着眼于眼界

集团是做大管控的，要在更高的视野上看到整个行业的趋势，了解整个行业最新的生产力，要能把控整个集团的整体业务和管理。所以，集团用人的眼界和站位是首要考量，要有前瞻性的布局能力，善于领会顶层思维。

（二）区域用人应着眼于谋略

区域分公司是组织内的中间层级，区域分公司一些重要岗位是真正的"封疆大吏"。作为"一方诸侯",向上汇报,对内沟通,处理复杂的市场问题,统筹一个区域的诸多事务,需要具备一定的谋略才能胜任。

（三）项目用人应用闯将

作为组织的基层管理者,做项目就是打仗,用业绩说话,用数字正名,不狠的人不适合派在一线。项目上要用狠角色,要对竞品狠,对团队狠,对自己更狠。

（四）集团用人,人企匹配

集团的工作人员实现的是集团整体业绩,整体来说是中后台岗位,用的是让整个组织运转的人。在一场看不见硝烟的战争中,强调的是人和企业的匹配度,用平台给个体存在感、认同感和稳定感、荣誉感。认可企业平台,认可企业品牌,认可企业组织架构和体系,认可企业文化和发展空间,认可集团人力战略,对于个体在组织的能效发挥至关重要。个人和企业匹配,企业的整体业绩和经营回报才有保障,也有利于激发个人的工作激情和主观能动性。

（五）区域用人,人职匹配

区域分公司是管理平台,更是承接平台,实现集团战略的落地和管理体系的自上而下转移。区域平台用人强调的是人和职位本身的匹配度,是否可以有效发挥和行使岗位职责。由于每个人的职业经历、阅历经验、素质能力都有所不同,如果不经过人力资源的把控,很容易出现用人失察、人职不匹。在选人用人前,先系统性梳理每个岗位的职责需求和能力素质模型,制订出客观实际的职位说明书,然后严格按照职位说明书的要求去倒推选人标准,做到针对性选人、菜单式选人,以职寻人、以职比人、以职定人。

（六）项目用人,人岗匹配

人岗匹配,就是以岗定员,在有限编制条件下发挥岗位人均效能,同时强调岗位本身特性,以岗位需求和业务开展为核心的人力匹配方式。项目岗位是一线岗位,是实操和解决问题的岗位,在选人时要根据每个岗位的具体要求和适配性,把素质和能力不同的人安排到合适的位置上，以提高岗位效能，确保项目业务开展，实现人力效能的最大化。比如，项目开发部是维护外围关系和解决开发所需手续的部门，它的岗位要求是：有很强的公关能力和变通能力，掌握成熟的属地关系，了解属地政策，能够对接和获取项目开发所需要的各种资讯、各种资源，能够协调每一个办证环节的关键人。所以，在这里就体现了岗位需求优于职位需求、职位需求优于企业需求。

二、分市场差异化用人策略

一线城市用人狠、二线城市用人精、三线城市用人暖。

1.一线城市用人狠：一线城市人才储备足，招聘难度小。而且，一线城市人员素质高，职业化程度普遍偏高，承压能力强。所以，可以用得狠一些，给团队施加的压力大一些。

2.二线城市用人精：二线城市人才储备也还算充足，应该挑选能够独当一面的实操性人才。

3.三线城市用人暖：三线城市职业化程度普遍不高，专业能力和加班意识等职业素养和一二线城市相比还有一定差距。所以，团队管理者需要放下自身的姿态，多鼓励多培训，保持团队稳定性，给员工一个成长的空间。

三、分岗位差异化用人策略

后台用人"庸"，中间业务模块用人精，前台用人专。

1.后台用人"庸"。后台工作多为数据类、报表类、费用类的事务性工作，烦琐微观，即使管控类工作也多为文件往来和流程处理，工作结果难以用直观的结果来量化体现，带给人的成就感不高。所以，后台选人要尽量选择能沉得下心、性格中庸、有较好心态的人员。

2.中间业务模块用人精。一个组织体系内的策略支持等组织内的中间业务模块，既不是冲锋陷阵的前台，也不是完全做管控的后台。中间业务模块的人员，要业务精、专业强，要有策略把控能力，能够针对前台一线的策略安排给出专业意见，又能提供技术支持，进行策略纠偏。

3.前台用人专。前台，是指战斗在一线的业务最前端。一线工作直面市场竞争，压力大，干扰因素多，要求工作高度专注，有较强的死磕任务的特质。

最后，无论怎样用人，一定要用"靠谱"的人。所谓"靠谱"，就是有责任心，让人放心，值得信任和托付工作，能把事情追到底，能把事情做成闭环。一个人无论能力有多强，如果做事不靠谱，都没有任何意义。能力越强，如果不靠谱，他的负面影响就越大。

靠谱，是一个人最大的信用资产。一个人在职场的失信，就是个人信用破产的开始。

第二节　优秀的营销团队管理者

一个真正优秀的营销团队管理者，要具备如下特征：有信仰、有领导力、会集权懂授权、解决问题能力强、善于协调资源、职业化和守底线。

一、有信仰

失败者往往在事情开始的时候畏首畏尾，在事情进行的时候瞻前顾后，在事情结束后患得患失。成功者往往是只有挫折没有失败，路径不通就换赛道，所有过往皆是序章。真正优秀的人一定是很偏执的，骨子里有太多不肯妥协的东西。他们一定是有信念有信仰的，信仰不会让事情变为简单，而是让事情成为可能，境随心转就是这个道理。只要锲而不舍，目标也许会迟到，但不会缺席。信仰就是永不言败，就是始终相信美好的事情终究会发生，从而理性、系统、端正地保持进取和尝试，努力且不断进化地进行实践。

优秀的营销管理者，一定要有信仰，然后为信仰赴汤蹈火。信仰决定走向，性格决定命运，气度决定格局，格局决定结局，细节决定成败，态度决定一切。业绩是打拼出来的，事业是奋斗出来的，世界总是奖励有信仰的人。

优秀的营销管理者，都是使命必达、向死而生的，要先把自己置于绝境，再规划绝地反击的路径，秉持使命必达的精神，铭记于心，付诸实践，从而拼出一线生天。

二、有领导力

所谓领导力，就是指在组织内能够推动工作、掌控团队、激励和影响他人，推动团队进步的管理能力，是领导者的刚需能力。领导力包括决策力、组织力、管理力、执行力和感召力，而杀伐决断、目标明确、胸怀格局、处事公正是组成领导力的必备工具包。但从本质上讲，领导力是三力的体现：权力、能力和魅力。杀伐决断，对权力的合理与有效利用，就是领导力最重要的素质之一。

慈不掌兵，义不带财。成大事者必杀伐决断，有王者气质。对于影响工作推进的障碍要坚决排除，对于影响团队的人员要坚决予以调整，不被环境绑架，不被团队绑架，不被利益绑架，不被现实绑架，不被代价绑架。对陈规陋习，要有革故鼎新的姿态。权衡一个决策，即使代价再大，即使伤筋动骨，只要为了更大的目标和利益，为了更大的战略和布局，也要勇于断舍离。

面对抉择，要肯于决断、会取舍，心理强大。除了需要性格的坚毅，更需要有原则肯承责，还需要判断力的精准和对利益的计算。决断，不意味着专断。每次雷厉风行的行动之前，每个关乎重大的决策出台之前，要有缜密的思考与行动上的精密策划布局，有实施的路线图。

不能玻璃心，敏感和脆弱是弱者的符号，缺少承受力整天纠结的人是带不了团队的。羊带出来的狮子都是羊，狮子带出来的羊也有狮子一样的战斗力。优柔寡断的人不适合做领导者，更不适合领兵打仗。没有决断、当断不断的领导会把一个团队带向深渊，走向失败。企业需要的是攻城拔寨、能打胜仗的战神，团队需要的是有领导力、敢拍板会拍板的狠角色。只有狠角色才能规范团队,才能锤炼和锻造铁军,才能应对竞争、跑赢市场。

格局和人品是领导者的软实力。在组织中,不与上级争锋,不与同级争宠,不与下级争功,让团队思想统一。

部门内工作掌控着做,跨部门工作推动着做,模糊地带有人做,对自律性高的人鼓励着做,对惰性强的人敲打着做。在过程中做好监督,同时激发团队成员们的工作主动性,挖掘出团队的潜力。

三、会集权懂授权

集权向左,分权向右。只有创造力导向的互联网企业、高科技企业和创业型公司需要以无为而治的宽松方式来管理,其他传统产业都是需要集权强势管理的,房地产行业更是如此,企业越大就越是如此。对于一个团队也是如此。要会集权,把应该管的、必须管的和能够管的权力进行集中。要通过集权掌控工作,做到工作不出轨、不失控、不变形、不拖沓。

集权的作用是统一方向,是执行力保障,是品质管控,也可树立让团队敬畏管理的企业文化。对管理有敬畏才会出走舒适区,挖掘出更大的潜能。人都是有惰性的,一个缺乏敬畏文化的组织或团队很难跑赢这个时代。如果有,那一定是暂时的,不具备参考意义;或是侥幸的,是小概率事件。但是,好的团队管理者要既懂集权,又懂授权。所谓授权,就是分散权力使用,做管理权力上的分解。首先,把业务分为核心业务、重要工作和常规工作,再根据团队其他管理者或者骨干人员的能力匹配程度,把三个维度的业务分解给团队骨干,从而实现管理效能上的提升,同时也是对团队的锻炼与培养。

授权的目的不是把压力转嫁出去,或是把工作分摊出去,而是为了提高组织效率,同时激发团队的积极性,更好地用团队完成任务,并通过授权提升团队成员的责任感、实现团队的成长。做完任务分解后,做思想动员,激发大家追求梦想和勇于担当的责任感,再做过程的监控和及时的问题纠偏,确保整个团队沿着正确的方向行进。

自己干不完的工作，要授权。把非核心工作交给别人干，自己可以把核心工作做得更出色，那就授权。团队成长慢，那就授权。企业发展动能不足，规模停滞，进步速率下降，更要授权。但是，要规避授权误区。授权时要一直保持清醒的认知：授权只是授予对方完成该项工作或该阶段工作的权力，但是真正的责任人、真正要承责的还是授权人自己。另外，授权不是让对方在没有决断权的情况下仅仅参与事务性工作，授权是要让对方真正能够实现决策，能够在一定程度上代替授权人行使职责。授权时要讲究方式方法，要先评估再授权。另外，要分级授权、逐步授权。

四、解决问题能力强

在组织里，一个人的价值取决于他解决问题的能力。解决小问题，就是骨干；解决大问题，就是核心。解决一时的问题，是表现突出；长期能解决问题，就是优秀和卓越。解决别人解决不了的问题，是不可替代价值；解决自己解决不了的问题，是突破和进步。所谓的职场成长，其实就是解决一个又一个问题的过程，是一波波打死小怪兽的过程。能解决问题，才是一个管理者最了不起的才华。

企业用的是解决问题能力强的人，解决问题的水平成就职场高度。例如，某地产项目总经理，在开发二期时因施工作业面原因，现场没有场地可以建售楼处。这位项目总经理居然能够说服隔壁竞品的总经理，成功地免费借到竞品的场地建售楼处，使用了一年多，为项目销售赢得了宝贵的支持条件。而且，两个项目的产品定位、客户定位都是高度吻合和同质化的。这就是解决问题的能力。

五、善于协调资源

没有一家企业是完美的，大企业部门林立、沟通成本高，审批不畅，制度约束大。小企业通常管理不规范，缺乏章法，个人意志代替组织意志。大企业病不一定只存在于大企业。在企业里，资源的分配从来不是绝对公平的，抢夺和争取资源是团队管理者的必备素养，要为团队争取资源，争取发展的良性环境。管理层级越高，面临资源抢夺的问题越大。优秀的管理者，要掌握顶层思维，强化顶层思维意识，提升顶层思维品质；要善于向上沟通，向上管理，善于让上层把资源倾斜过来，让上层和其他部门等内外部资源为我所用。

企业最高层总是希望用最低成本和资源投入撬动最大的效果，不去努力争取，他们不会把资源主动给你。给每个区域，每个团队倾斜多少资源，既无明文，也无章法，尺度如何掌握取决于你是否会沟通、是否会协调。你多去沟通争取一下，情感上做做润滑，数据上有理有据，也许就能取得不一样的效果。比如，让上司加快审批流程或不频繁打回流程是一种资源倾斜，让上司同意加大费用预算是一种资源倾斜，让上司同意定价和促销方案是一种资源倾斜，让上司为你的管理决策买单也是资源倾斜……

保守、被动是解决不了问题的，作为一个管理者，必须主动放下身段去协调资源、主动出击。但是，协调资源不是溜须拍马，不是结党营私，而是站在工作立场为推动业务做出的努力。

作为一个项目的营销操盘手，如果是在一个集团化的组织背景下，他是需要进行公司内外部的多方和多重沟通协调工作的，为项目营销工作赢得必要的工作保障和支持。他的协调主要分为竖向协调、横向协调和外部协调等三个维度的协调。

（一）竖向协调

（1）对接集团营销中心职能线：包括市场策略、品牌推广、人力资源等职能线，为项目营销获取必要的专业条线的工作支持。

（2）对接集团产品研发中心：涉及营销故事线的物化、产品定位的落实、产品力的设计体现、装标的设计实现、景观的亮点体现、硬装和软装的风格把控、商业面积切分、动线组织以及设备管道的出图落实，以及设计语言的转化等。

（3）对接区域营销平台：解决费用审批、策略支持、技术帮扶和人力支持等。

（4）对接项目营销团队：执行相关决策、完成相关销售工作。

（二）横向协调

（1）对接项目工程部：确保项目工程进度与销售节点匹配、货量组织符合营销需求、示范区打造、产品品质保障和交付节点保障、交付质量符合营销要求。

（2）对接项目开发部：了解项目预售条件和办理进度、装修合同备案等与营销相关的问题。

（3）对接财务部：关注项目按揭、公积金、资金预算、首付分期的实施操作，对资金流、动态利润率等财务指标保持敏感性，确保合理定价、调价及完成回款任务。

（4）对接物业公司：保持沟通，监督销售现场物业服务，提升物业服务标准，为销售溢价做好铺垫。

（三）外部协调

（1）项目股东：保持与股东方的良好沟通，确保营销工作顺利开展。

（2）供应商：保证供应时间和产品品质，提高合作效率。

（3）房管局：协助开发部协调备案、定价、网签，维持良好政企关系。

（4）银行：获取优势按揭政策，跟进回款进度。

（5）街道办、城管：保持与项目周边职能机构联系，确保项目展示、活动正常进行。

六、职业化、守底线

所谓职业化，就是能够清晰认知自己在企业中的定位，有契约精神，不逾规、有底线，注重自己的职场信用档案和口碑，有很高的自律性。

首先，作为一个管理者，要从心里接受和认可组织，认可领导。既然选择了一家企业，就不要抱怨，抱怨也解决不了问题，反而会造成自己和团队的士气低落，只是给自己留了撤退的借口而已，久而久之会形成负面的心理暗示。不抱怨，是职场第一情商。另外，作为一个管理者，负能量会传导给团队和外部，进一步加剧团队的分化，从而形成恶性循环。而一旦出现军心涣散，这个团队离瓦解就不远了。

优秀的管理者要相信企业一把手，要接受现实，正确看待工作目标和任务，不质疑企业一把手和上司的决策。面对目标和任务，管理者之间的段位和差距就在于：请命，领命，还是认命。认命，目标还是你的；领命，就要做到最好；与其领命和认命，何妨主动请命，从心里接受。认同才能凝聚，热爱才能投入。关于目标和任务，本身就没有合理或不合理之分。合理的任务如果不拼尽全力，依然有可能变得不合理。不合理的任务如果操盘得当，策略正确、资源整合到位，也未必不可以完成。

企业一把手是最了解公司的人，掌握着比所有人都多的信息，了解公司的融资能力、现金流和团队状况。所以，企业一把手的决策不一定是最英明的，但一定是最适合的。而适合，比什么都重要。

守住岗位底线，也是职业化的体现。守住目标底线，守住品质底线，守住法律底线，守住合规底线。守住目标底线，就是工作目标必须达成，不能无为，要有所为，且有作为。守住品质底线，就是工作标准不能失守，取得业绩不能以丧失工作标准为代价。守住法律底线，就是工作方式要合法，更要杜绝自己或是团队内的贪腐行为，清心为治本，直道是身谋。守住合规底线，就是流程和商务行为符合授权体系，不取巧，经得起审计、经得起推敲。

第三节　时间管理

弱者抱怨命运，强者掌控命运。任何经营结果都是可以掌控的，也都是掌控的成果。团队做不出成果，只能说明管理者的掌控能力不足，要认赌服输。问题就是留给人解决的，任何一件事，交给一万个人做，就会有一万种效果。组织需要的是能解决问题的人，有掌控能力的人。

时间管理、团队状态管理、善于运用方法论是掌控工作节奏和提高工作效率的三大原则和背后的实现逻辑。按照自己的方式方法保质保量按时完成工作，做到化繁为简、游刃有余，其实体现的是自我管理和挖潜，也是一个成功的领导者必备的素养。在这一节里，我们着重说说时间管理。

时间管理=事情价值×做事效率×做事策略×做事方法。时间管理的本质，就是高效率地去完成高价值的事情。做好时间管理要做好以下八点。

一、方向第一

做事情的方向是第一位的，如果方向正确，做正确的事，则结果自然事半功倍。如果方向出现问题，越是发力，越会偏离正确的轨道，离目标渐行渐远。

二、减法逻辑和乘法逻辑

（一）减法逻辑

工作是由很多模块单元和很多零碎的事务组成的，务必先做取舍、抓重点、分类、合并与销项。这个时候需要做减法，把问题看简单，锻炼化繁为简的能力。先销项，做大的工作分类，减去或者合并相同相近的工作项；再动手把可以马上完成的干扰性工作先处理掉。在这个过程中，要注意工作质量，避免质量出现问题引起的返工，避免陷入"加法逻辑"的恶性循环。

（二）乘法逻辑

一个优秀的时间管理者，通过让自己快速成长的方式摆脱加减法式的无效和低效工作，就是工作中的乘法逻辑。比如，通过学习和培训获得成长，或是通过改变工作工具让工作效率得到提升，即使短期会占用一些时间成本，但从更长的时间跨度看，依然是很有必要的。

三、计划性与工作分解

用计划指导工作，在计划中开展工作。给工作建立时间轴，制订倒排工作计划和实现路径，做好工作阶段分解，落实到每个小的时间点，落实到人。但凡做好工作分解的，就务必要在既定的节点完成。时间轴有线上和线下两个维度，线上维度是完成节点、任务标准和工作要求，线下维度是工作道具、协调人员和工作保障，这个才是工作落地的基础。

学会运用工作台历，要排出自己部门各条线的工作台历，也要下属排出他们的工作台历，还要有自己个人的工作台历。每年、每季度、每月、每周高度重复的工作，而且必须要做的工作，就是工作台历要排的内容。工作台历要排到天，排到具体时间段。

四、对工作分类

按照重要程度对所有工作分类，分为一般工作、较为重要工作和重要工作以及紧急任务。紧急任务先去做，完成销项。重要工作自己做，精益求精。较为重要的工作交给骨干做，但保持监控。一般工作交给下属干，尽量流程化。另外，坚持"日清日结"原则，工作不过夜，任务不拖延。想好策略后，就马上行动。想到达明天，现在就要出发。

五、对时间分类

对时间分类，保留充足的睡眠时间，留有必要的家庭生活空间，减去一定的交际时间，把剩下的时间划分为惰性时间（常规会议时间）、碎片化时间（车上、电梯里、外出参加商务活动和应酬活动等）、创意时间（自己独处、可以冥想和深度思考的时间）、事务时间（签字、审核数据、审核文件、走流程等）。

把惰性时间激活，做些有价值的工作铺排和问题讨论。做好会议管理，每次会议召开之前先做动员沟通，压缩会议时间，确保会议有跟踪清单、有成效、有进展、有决议、有销项。把碎片化时间变废为宝，同时穿插其他工作，比如在下午茶时间进行员工绩效沟通，在去机场的车上和送行员工做工作沟通。条线内部会议，不一定专门去约时间开正式的视频会，如果是组织内部会议且参与人数不是太多，可以通过微信语音视频会议来解决。把事务时间交给系统去解决，让流程优化，减少不必要的审批量和数据汇总量。让系统把审批流和执行流自动合并，基本的数据采集和加工尽量动用系统和外部专业机构，含金量低的工作实现业务外包，释放团队的生产力。

六、对人分配

对与工作相交接的所有人（总裁、上司、同级、下属、媒体、供应商、客户等）进行分类，按照重要顺序划分为三档，分为优先级、重要级和一般级。优先级人员的要求优先满足，可以插队占用时间，独立于正常的工作安排之外。在不影响工作时间轴的情况下尽量满足重要级人员的要求。对一般级人员提出的要求要有判断和取舍，哪些是需要配合的，哪些是可以舍弃的，哪些是现阶段要去配合的，哪些是可以放置一段时间的。另外，对一般级人员提出的要求，可以采取管理授权和管理外包的方式，让副手、助理或团队来完成。

七、不确定性管理

房地产行业进入精耕细作的下半场后，面临更多的不确定性。管理的一个重要课题是解决难以控制的外部因素影响造成的不确定性的问题。不确定性会颠覆确定性，会造成重复工作、节点拖延，对时间管理造成巨大的干扰。不确定性管理是一种挑战，但恰恰是管理的价值和成就感所在。比如，工程方面的不确定性体现在：包括汛期连续大雨可能对基坑造成的威胁、抢工带来的结构和质量风险、采矿区带来的地基地质风险、城市环境治理带来的混凝土断供问题、中考高考带来的停工风险和工期延长、供应商产品停产造成的履约风险等。在营销方面的不确定性更多，体现在：热销后竞品抱团抵制、竞品现金流紧张忽然降价促销、当地银行抬高外地客户贷款门槛、限购政策升级导致客户失去购房资格、兄弟项目交房群诉导致本项目客群维权等。这些貌似都是工作中的不确定性，但都是不可以解决的吗？答案是否定的。例如，采矿区的项目要慎重获取，在投拓拿地时就应该评估地质风险和对客户的潜在心理影响，以及入市时竞品的造谣打击风险；汛期来临前，就要提前评估基坑风险，做好相应预案。

不确定性和确定性之间是有边界的，一个懂得时间管理的优秀管理者就是要保持紧张感，要积极主动，做好风险识别和风险转移，计算方案的损益值和后悔值，求出期望值，选择最佳方案，做好关口决策、分散不确定性因素，从而最终保证工作的时间节点。要掌控必须要做到的确定性因素，把不确定性因素转化为确定性因素，或减小不确定性因素的比例。另外，要对不确定性因素进行重点分类，在一天工作的主时间段固定留出一段时间，优先处理不确定性因素，减少不确定性，或者化不确定性为确定性；其余时间段再处理确定性因素，确保确定性因素不会变化。

八、工作习惯、反馈与复盘

开展工作前，先做好心理准备，再做好工作准备。档案和资料采用彩虹分类法整理，每天强迫自己进行工作复盘，工作笔记本要多做销项管理，正常记录用蓝色，第一次销项用红色，第二次用绿色，第三次用橙色。颜色用得越艳丽越复杂，说明工作推进得越慢，依然有大量的问题没有及时解决。重复，分为有效重复和无效重复。有效重复，就是有思考、有积极反馈、有成果的重复，可以不断地改造工作方法或提高工作效率，以获得更高的时间收益。

每接到一项任务，先了解领导要达到的工作目标和效果。完成一项任务，第一时间要给发起部门和发起者反馈，让大家知道今后再遇到类似任务该如何处理。如果是领导安排的重要工作，不要等到完成后再通知领导，而是要在过程中的分节点就让领导知道事情的进展。不要怕耽误领导时间，也不要怕事情琐碎，让领导知道工作进展恰恰能节省管理成本和时间成本。

每安排出一项工作，都要明确给出完成的关门时间。反驳领导的决策前，先想好对应解决方案。当给下属分配了明显超出其能力范畴的工作任务后，如果下属不提出质疑也不来沟通如何实现目标时，领导者就要对该项任务的前景进行自我预警了，并且要认真了解和关注下属的实现路径。

一个人可以不聪明，但不可以不总结 。总结是进步的源泉，学习是实现梦想的唯一方式，奋斗是实现梦想的最终途径。

第四节 如何管好一个团队

管好一个团队是一个复杂的课题，因时因地因对象不同都有不同的问题和办法，但系统归纳一下，管好团队要从自我管理、团队分工、纠错调频、团队状态管理、大管理和小管理这五大方面去入手。

一、自我管理

作为一个管理者，率先垂范的示范作用明显，管理别人之前，先让别人信服。管团队首先要进行自我管理、自我加压。管自己，以身作则。管业务，身先士卒。管团队，将心比心。

管理团队之前，先把自己管起来，先让自己完善和优秀。首先是个人的工作主动性和自律性，主动承责，不博弈目标，不抱怨任务，让自己先跑起来，让大家追赶。然后是个人的工作标准，目标感要强，工作标准要高，工作组织要逻辑清晰，工作实施要有反馈和闭环意识，工作完成后要有复盘和总结，使自己的工作标准成为团队的作业标准、成为团队成员效仿和追求的目标。要让团队成员看到差距，意识到不足，树立对标标杆。一个优秀的领导者自然会带动团队一起进步。

自我强大起来才可以吸引更优秀的对方，吸引力法则让同类会吸引同类，如果怯懦和羸弱就会吸引来更多的抱怨。

管理者有几个段位，从高到低依次如下所述。

1.领袖级（战略、远见、成就）。

2.英雄级（策略、主动、创造）。

3.导师级（智慧、包容、认同）。

4.强人级（标杆、指导、改变）。

5.常人级（无为、抱怨、纠结）。

每个管理者都应该有所追求，成为更高段位，发掘最优秀的自己，成为团队的追赶目标，发挥牵引价值。把自己至少先锻造成导师级管理者，给团队示范效应，帮助团队一起成长，当团队的作战能力得到系统性提高后，又反过来反哺组织。

二、团队分工

作为一个团队的管理者，不要把所有事情都自己做，要善于做好团队分工，把工作分配给团队成员，充分利用团队的力量。

一般情况下，团队内是20%的人做80%的工作。要从编制上实现精英化团队的打造，编制不要求大，但每设一个岗位、每进一位人员都要确保是精英，都要确保实现岗位价值，这样才能打造一个精英团队。要把基础工作交给新手做，专业工作交给熟手做，核心工作交给能手做，敏感类和有压力的工作交给承责意识强的人做，不容出现闪失的工作自己做。最后做到熟手带新手，熟手变能手。能独立工作且能做出成果的，就可以作为梯队力量储备了。团队分工考量因素的60%是基于成员的能力侧重，但40%的因素基于人品、态度和责任感。

团队里要有明确分工，明确每一个人的定位，有"侦察兵"，有"步兵"，有"骑兵"，有"炮兵"，还有"工兵"。爱打仗就让他当"骑兵"，有韧性就让他当"步兵"，有个人英雄情结就让他当"敢死队"，反应机敏就让他当"侦察兵"，甘于平凡、任劳任怨就让他当"工兵"。团队有灵魂队员，有主力队员，有替补队员。对于团队的一些重要管理者，也该有相对应的B角人选。重要层级的重要岗位，都要有AB角概念。就如同篮球、足球等体育比赛一样，板凳深度决定了整个团队的水平，决定了整个团队能走多远。

其实，每一个团队里都有协调整合的唐三藏，有能打仗的孙悟空，有自律性不强的猪八戒，有辛勤不倦的白龙马，还有平庸却踏实的沙和尚。团队永远是不完美的，与其换团队，不如利用管理工具进行挖潜，释放团队效能。控制孙悟空的个性，断掉猪八戒的惰性，利用沙和尚的人性，发挥唐三藏的佛性。

团队又分为团队内和泛团队。所谓"泛团队"，包括组织内其他部门，也包括组织外成员——大家因为同一工作目标形成的临时工作组合。这种合作分为三个层面：一层叫合作，一层叫合伙，还有一层叫合力。合作基于平台，导入战略资源。合伙基于项目，整合社会零散资源。合力基于人员点对点，整合彼此专业和智慧。合作要放下组织局部利益，求同存异，彼此平衡。合伙要放下部门本位意识，打破组织边界。合力要放下自我，多听一下别人的建议，彼此尊重。

三、纠错调频

管理就是调频和纠错。

所谓调频，就是一辆车只能一个人开，一个企业、一个团队内只能有一个频道、一种基调、一个方向。企业越大，团队成员越多，越需要统一共识，越需要经常调频。把所有人的频道调成一个，调到负责人的频道上来，让大家步调一致，发声同出一孔。

所谓纠错，是对已经发生的错误进行矫正和补充，纠正他人的过失，去批评、去处罚错误行为，做坏人、打补丁和拆补丁。在一定程度上，管理就是"纠错"，在纠错中让业务沿着正常的轨道开展，让员工做正确的事，正确地做事。纠错是管理止损，是业务纠偏。

纠错分为宏观纠错和微观纠错。宏观错误是方向错误，是战略和策略错误，对企业的伤害是颠覆性的，是毁灭性的，一经发现，务必及时纠错，无论纠错成本有多高，杀伤后坐力有多大。微观错误是执行错误，如果不与企业大的经营原则相悖，则采取适度纠错、重点纠错、旁敲侧击和优先纠错的侧重方式。团队内要保持高度统一，步调不一致的要调到同一频道。

纠错的另一面是容错。所谓"容错"，就是不因为一时的错误或局部错误，就否定甚至是处罚那些有心有力做事的人。容错是为真心做事者减压，为敢作敢为、务实进取者保驾护航，为团队的成长买单。不因进步而忽视问题，不因错误而否定进步。

四、团队状态管理

团队状态是管出来的，而团队状态管理是基于目标管理的过程管理。团队状态管理又分为量变与质变、负责人状态、严管、精细化管理和团队文化五个方面。

（一）量变与质变

量变与质变是因果关系，是相互作用，也是辩证关系。量变是质变的必要准备，质变是量变的必然结果。质变不仅可以完成量变，而且可以为新的量变打下基础。所以，在量变达到能够引起质变时要有敢于突破的勇气。一个优秀的领导者知道如何积累量变，在量变的过程中沉淀和忍耐，但也知道在怎样的节点适时突破、开创新的局面。

（二）负责人状态

团队状态是由负责人状态决定的，负责人正能量，团队则正能量。负责人负能量，则团队涣散。负责人廉洁敬业，自我约束能力强，团队自然风清气正，展现出良好的工作风貌。负责人做好过程监督，则团队不敢懈怠。负责人运筹帷幄、胸有成竹，则团队也会自信溢于言表。

想要改造团队，先融入团队。如果这是个成熟的大团队，不要试图一下子颠覆和改变它，而是先要耐心调整自己的姿态进入。先去了解团队的沿革，了解团队的历史和团队成员的状况，找到合适的切入点再发力。先找到突破口，再解决团队中的核心力量，团结中坚力量，再逐步掌控所有成员。

架构调整和薪酬设定等核心工作，让员工一起参与，建立沟通和信任的基础。制订目标和计划时，让团队成员一起参与，不要变成领导者一个人的独角戏。

（三）严管

团队是需要严格管理的，严管其实是厚爱，是真正的大爱。企业家比员工付出得多，领导比员工更努力，这些都不是好现象。一个组织的管理流，就是通过压力流自上而下在组织体系内流动和进行压力传导的，但传导的势能和动力不变、尺度不变、标准不改。

如果是菩萨心肠，就要有狮子的勇猛。有时用霹雳手段，只是为了菩萨心肠。一个没有原则的不对下属进行严格约束的领导很难激发出下属的斗志，也很难挖掘出团队成员的"小宇宙"。

（四）精细化管理

团队状态是锻炼出来的，但保持团队状态最重要的是精细化管理。一个优秀的管理者一定是个实干派，能深入群众做实事，不脱离业务问题，把管理做精做细，掌控所有的问题，不当甩手掌柜。工作汇报和沟通能力再强，再能口吐莲花，也代替不了夯实基础，更代替不了业绩说话。走向务虚的领导者，最后也会被务虚反噬。

精细化管理就是落实管理责任，将管理责任具体化，做好过程掌控，确保一切尽在掌控的管理方式。工作问题一追到底，树立"操心文化"，爱操心、管细节。比如，做示范区的开放管理，示范区开放前的样板间装修和软装过程跟进很重要，负责人要认真对接，仔细复核，确保样板间家具尺寸准确、软装家具搭调、装修细节完美、照度和体验感完美、成品保护和开荒保洁到位。进行开放前，一定要从各个方面仔细检查。哪怕是一点点问题，都要去反馈、去推动整改，要跳起来做事，对问题零容忍。要把标准的刻度抬高，让工程部、装修单位、软装公司、景观单位和包装公司都高度紧张，无条件配合整改，从整个链条上动起来。没有亮点，不够完美就不允许开放。在整个的开放准备过程中，不仅仅配合单位要动起来，自己的团队更要动起来。管理者管得越深入，细节盯得越细，团队就越认真，工作状态就越好。另外，一个项目营销负责人要做好案场保鲜工作，就要多巡盘、巡工地和巡样板间。要叫上项目总经理、物业经理和工程负责人，同时带上策划统筹和销售统筹把项目的每个角落仔细看一遍，然后去做工作分解，去定工作责任人，确保整改工作快速落实到位。这就是业务中的精细化管理。

（五）团队文化

好的营销团队文化一定是同心若金、攻错若石、充分竞争、有凝聚力。

（1）同心若金就是面对困难和挑战，大家团结一致、共同面对。团队成员明白唯有通过建功立业和推动组织进步才能取得个人成功。做好工作协同、成就团队、成就他人，其实就是成就自己。学会让整个团队的成员有担当，人员齐心，换位思考，如果团队成员都能做到这样，那就是一个极为优质的团队了。

（2）攻错若石就是提倡简单直接的文化，讲原则、有立场，敢于当面直接指出他人的错误，对待团队内的错误零容忍。

（3）充分竞争：团队战斗力是锻造出来的，不要怕用兵太狠把人吓走。营销团队讲的是充分竞争，要能进能出、能上能下，给每个人公平竞争的赛道，在赛马文化中发现人才、培养人才、进行新陈代谢，组织才有活力，平台才有希望。梦想是可以被激发的，梦想就像种子，早晚都会发芽，只要遇到生命中期待的那缕阳光。想让一个人荒废，少给他安排工作就行了。

（4）有凝聚力：凝聚力不是喊口号，是在作战中形成的氛围。营销，打的是士气，干的是"洗脑"的工作。要会"洗脑"，先"洗"自己，再"洗"团队，最后"洗"客户。"洗"好自己，才能坚定对品牌、产品的信念，由内向外洋溢自信。"洗"好团队，才能有凝聚力，同心同力、高效运行、令行禁止，充分发挥组织效能。为将之道，当先治心。"洗"好客户，才会区隔竞品，创造市场中的蓝海。另外，团队建设活动对于一个团队凝聚力的形成是很有必要的。团队建设活动做实了就是生产力，做强了就是竞争力，做细了就是凝聚力。

五、大管理和小管理

一个优秀的管理者要善于大管理，但更要懂小管理，抓大不放小，以大为主，大小同抓。

所谓大管理，就是把控大局、管大事、抓重点。对于一个营销组织而言，大管理可能是产品定位和货量组织。一个优秀的管理者在每个时间段都要有自己的大管理清单。尤其是对于高层管理者，要有自己的亲自挂牌督办的重点工作，公示出去形成对自己的监督机制，以发挥政策倾斜优势。

所谓小管理，是把管理重心下沉，把可能引起质变的量变因素消化。

小管理就是基础管理，管理一些貌似不是重点的琐碎工作，比如某个商业项目的交通动线组织、某个项目的商品房买卖合同、对最近团队个别人员状态的调整。这些貌似没有成就感的小管理，恰恰是团队管理的基石，是决定团队走多远的基础。

大管理决定项目业绩，小管理解决项目基础。大管理决定了业务的上限，小管理是守住管理底线。一个企业，一个团队，最大的对外问题是营销乏力，是大管理出现了问题，但一般最大的内部问题往往是小管理出现了问题。大管理决定投资收益，小管理决定管理效率。大管理比的是宏大，是长跑；小管理比的是深度，是接力跑，每一棒都很重要，也很容易出现问题。

03

CAO PAN

第三章 架 构

第一节 集团和区域的关系

从组织架构的张力角度看，一个房地产企业集团需要三个层面的三力合一：战略决策力（集团决策层）、专业力（集团专业条线辅导）和执行力（区域分公司和事业部）。

1.战略决策力：高层比的是战略决策力，如把握趋势、看穿行业周期以及洞察市场变化的能力。

2.专业力：集团各中心和条线比的是专业力，是把战略落地的能力。

3.执行力：区域分公司和事业部基层比的是执行力，是把战术安排做实、把经营理念转化为经营业绩的能力。

一家企业，高层勤快体现在战略上的思考，中层勤奋体现在对战略的传达和转化上，员工勤奋体现在执行的动作上。

集团和区域分公司之间的关系是头脑和躯干的关系，是思考和行动的关系。集团和区域分公司一起构成契约关系、共生关系和信用关系。

一、契约关系

首先，集团和区域分公司是一种契约关系，集团是投资方，区域分公司是经营方。集团为区域分公司投资，区域分公司为集团创造利润。集团下达目标任务，区域分公司负责实现目标。但是，这种契约关系是一种不完全契约关系，集团利益大于一切，以集团利益最大化为契约核心原则。集团是甲方，保留契约关系的变更权和游戏规则。

二、共生关系

所谓共生关系，就是集团和区域分公司彼此依存。没有集团，区域分公司就失去了根，就没有了存在的价值和意义。没有区域分公司，集团就失去了躯干，再强的根系也走不远。集团和区域分公司是彼此依存的同心关系，是同心圆和矢量图关系。

1.同心圆：从集团到区域分公司、项目，是一个同心圆的概念，集团是内核，所有城市公司、区域分公司就是同心的大圆或小圆。以集团为圆心，大圆套小圆，画同心圆，但同心最重要。如果不同心，在轨道运转时就会变成离心力或脱轨。集团和区域分公司要在一起画同心圆，拒绝离心力。

2.矢量图：从集团到项目的关系就是矢量图，特点是可以无限放大但永不变形。矢量关系，就是企业文化和经营体系的不变形。在企业只能有一种文化标准，就是整个集团的文化。要以企业文化为指引，从区域分公司到项目，无条件服从与高效执行，积极进取去实现业绩。在一个企业内部是不能有小团队文化和亚文化的。

三、信用关系

集团和区域分公司之间是一种信用关系，包括业绩信用、管理信用、合约信用、行为信用和合规信用。集团是信用分的管理者，区域分公司应该在集团多赢得一些信用分。区域分公司承接的任务要完成，向集团做的业绩承诺要做到，以兑现信用。区域分公司每一次的任务完成情况、每一次的承诺兑现情况，都将在集团形成信用分，有时是加分，有时是减分。时间一长，这些信用分会累积成自己的信用体系。信用体系既是和别人比，更是和自己比。信用体系好的区域分公司，自然会赢得更大的授权空间。信用分低的区域分公司，将会影响在集团的话语权、信用度和授权。信用体系崩溃的区域分公司，自然而然将被边缘化甚至是淘汰。

第二节　集团营销架构搭建原则

一家房地产企业从集团到区域分公司，整体应该选择什么样的营销架构和管理模式呢？主要有四个考量原则：战略配合、黄金分割点、最大公约数和时效性。

一、战略配合

一个集团的营销架构的搭建是要依附于集团大的经营战略，为战略服务，结合企业所处的发展阶段和实际情况，营销架构不能脱离集团大战略而独立存在。

首先，看企业处于哪个阶段，是创业期或发展期，还是成熟期。

创业期业绩第一，团队高度扁平、灵活高效，业绩第一。

发展期既要冲业绩规模，又要充实完善后台制度体系，立规建制，实现企业长远和持续发展。该阶段，企业营销架构应该以强管控为主调，发挥集团主导作用，整合资源推动业绩达成和企业上规模。

成熟期后，随着管控范围加大、集团标准化和体系化逐渐成熟，房地产企业的营销架构应该转为矩阵式管理，集团回归教练员的监管和裁判角色，让区域分公司裂变，让区域分公司或项目发力。通过授权加大和架构调整，把权力回归到区域分公司，达到集团有战略、区域分公司有策略，集团下任务、区域分公司做业绩，集团有声音、区域分公司有共振的效果。成熟期，要注重营销运营和组织重塑，革故鼎新为组织注入活力，调整组织架构释放组织势能并二次创业。完成销售任务是营销人的天职，但能够把营销做成体系才是价值所在。

二、黄金分割点

集团和区域分公司在营销工作管理界面上的切分要遵循黄金分割点原则。"黄金分割点"是数学意义上最佳理想状态的一个分割点，因而被广泛应用于建筑、医学等领域。其实，黄金分割法在企业的管理架构中也很重要。企业的架构设置和权责界面就是要精准找到集团和区域分公司管理与业务的"黄金分割点"，使各方面的能力达到最大边界、实现管理结构和力量的平衡协调，以及管理效能的最大化，发挥组织和成员的群体合力。

三、最大公约数

集团和区域分公司在工作协同上的目标就是最大公约数原则，实现双方共振效益的最大公约数。集团的强势不要压抑区域分公司的积极性，区域分公司的发挥和自由度不是以脱离集团管控为前提，双方在协同中成长，在配合中完善。比如，发展期的合理集团营销架构是强管控，集团在发展阶段做到集权有道、授权有章、分权有序、用权有度。该阶段，做这种选择便于发挥集团专业线条的业务能力，这个阶段强调专业纵深，划清集团和区域分公司的工作界面，寻求各板块对接、集团和区域分公司对接效益的最大公约数。

四、时效性

营销架构的搭建有鲜明的时效特征。营销架构一成不变是不对的，是惰政，但经常变也是有问题的。营销架构设置初衷既应该解决现有业务，也要对未来发展目标做架构与体系搭建，为下一阶段组织架构调整预留空间。

第三节　发展期的营销架构搭建和工作界面

发展期，集团营销的职能设计与流程管理应该围绕着强管控的基调去做，对区域分公司和城市分公司进行部分授权。集团管控要全方位无死角无盲区，没有项目是飞地，没有区域分公司可以成为管理上的"孤岛"，或独立于集团的管理体系。集团和区域分公司之间是一种信用关系，包括业绩信用、管理信用、合约信用、行为信用和合规信用，集团是信用分的管理者，区域分公司应该在集团多赢得一些信用分。

发展期，集团营销的工作范围主要有六大类工作，如下所述。

1.设架构、搭班子（核心团队）、建团队（填充架构）。

2.定边界、建体系（产品体系、营销标准化等）。

3.理流程、细制度。

4.定任务、冲业绩、创利润。

5.做协调、督进度、抓重点（挂牌重点督办工作）、落执行。

6.控费用、守边界。

发展期，集团营销的主要职责和管控范围如下所述。

1.**价格管理**：货值管理、定价管理、促销管理。

2.**销售任务与营销运营管理**：对年度任务、月度任务、阶段性冲刺期任务、开盘期销售任务等的设定予以把控，发挥营销运营职能，对营销节点、货量组织进行督进和管理。

3.**营销费用管控**：全周期营销费用总控、月度和阶段性费用控制、较大额度费用单项把控。

4.**营销策略把控**：对项目整体营销策略、前期入市策略、定价策略、开盘策略、阶段冲刺策略、破冰方案、清盘方案和渠道使用方案、电商方案和团购方案等予以把控。对项目的推广策略和广告投放计划（包含年度、半年度、月度等计划）以及较大额度广告投放进行预审把关和整体把控指导。

5.**产品管理**：与产品研发中心等进行对接，发力在前端，全价值链管控，对项目产品定位和产品线搭建进行把控和推动。

6.**营销招采管理**：对与营销相关的招采类业务进行把控管理，划定集团和区域分公司、项目的权责边界，提升招采效率，把控招采安全边界，为营销业务保驾护航。

7.**团队管理和体系建设**：体系内管理人员选用、晋升、调职、处罚。营销人才培养与梯队建设。

8.**佣金管理**：营销人员的激励方案、佣金提成（包含乙方和甲方团队）的管理。

发展期的营销授权体系也是由匹配集团强管控的定位而设置的，原则如下所述。

1.**"先收后放"**：以集团营销体系成熟度为分水岭，在成熟期后转为矩阵式管理，结合分级授权（按照区域分公司成熟度评估）。在发展期先实行集团强管控，并逐步实现分级授权审批。

2.**集团业务收口**：集团营销对业务争议进行最终收口，决策权和审批流集中在集团，集团营销中心对营销工作开展有最终解释权。区域分公司和城市公司对集团予以充分配合，参与流程审批，但对较大规模经济类业务和较为重要审批流程不享有决策权。

3.**实行营销全流程管理**：原则上，营销类专业流程由集团营销终审。强调集团直管，所有项目纳入集团营销管理范围，并进行全流程管理。通过权责手册和授权体系实现授权流程管理，明确集团和项目之间的工作边界，集团该管什么，管到什么程度。

第四节 发展期集团营销的架构搭建

发展期，集团营销架构搭建首先要按照集团营销强管控的思路来定调，然后在设置时既要考虑后台管控的条线建设，但更要考虑业绩上规模。人员设置预留发展空间，设立机动的"飞虎队"编制，以"飞虎队"身份协助重难点项目和新获取的营销负责人空窗期项目，以起到鲇鱼效应，提升组织活力。

集团营销板块分工设置原则：铁三角、机动部队、外方内圆。

1.铁三角：后台核心板块按照"铁三角"的思路搭建，即前策产品部、销售管理部和市场策略部三条职能线，构成后台管控的铁三角，涵盖集团对区域分公司的各种专业管控点。铁三角是一种稳定结构，三个板块职责鲜明，实现高质量工作协同。

2.机动部队：中锋守正，边锋出奇。团队既要有中后卫，但更要有中锋和边锋。整个集团架构采用双轨制模式，后台有"铁三角"，是固定编制，也有机动力量"飞虎队"。

铁三角是后台板块职能，解决系统稳定性和后台体系的问题，打造后台管理体系，支撑业务开展，业务流程由职能线进行专业管理，实现专业板块分工固化，加强专业职能把关，所有业务流程按照三条职能线进行分类审批管理。

所谓"飞虎队"，就是代表集团生产力水平，由集团打造的特种业务"部队"，负责解决疑难项目业务难题，充当开盘专攻队，在项目营销管理人员交替和断档时进行管理补缺，甚至是在区域分公司和项目营销不给力时冲到一线直接进行操盘。"飞虎队"是在特定历史时期承担使命的机动"部队"，是动态编制，负责冲锋陷阵，是集团的营销利剑。

管办分离，"飞虎队"不参与职能线管理，只对口帮扶和对项目突击业绩负责。

3.外方内圆：对外，"铁三角"和"飞虎队"共同构成一个矩阵。对内，职能线和业务线彼此结合，"飞虎队"向职能线协调项目所需资源，职能线通过"飞虎队"加强项目的后台管控，加强管理纵深，形成一条完整的业务链。

第五节　发展期的集团营销各板块职能

一、各板块职能设计：坚持职能匹配原则

通过对内部板块职能的划分，明确定义板块职责和板块工作界面，让整个架构简单清晰，使得各板块的职责范畴得到统一规范，降低板块职责不清晰造成的管理低效。在实际应用中，体现了先找板块再找岗位的工作模式，切实提升了组织的部门专业力。

集团六大板块的职能设计如下所述。

（一）销售管理部职能设计

（1）营销运营管理：销售管理部要发挥牵引机车的作用，主要定位为营销运营职能，成为集团的"第二运营"，贯彻顶层思维，以营销运营倒逼区域分公司推进供货和货量组织、打造完美示范区、做好工程品控；同时，以营销运营身份协调其他部门配合工作、提供营销工作开展所需要的内外部配合条件。通过工作台历管理和督办，做销售计划和任务管理，定目标、做节点监控、重点提醒、效果考核。

（2）货量计划管理：协助集团运营设定、评估货量组织计划，完成项目开发计划评审，协调完成里程碑计划签发。

（3）建立和完善营销计划管理体系：根据集团战略规划和年度经营目标，统筹各区域分公司制订年度、季度、月度销售计划及销售目标，协助各区域分公司分析货量构成及销售情况，进行销售目标细分，完成营销计划考核工作。推动集团营销计划在具体项目上的落实执行，明确营销计划管理标准。建立销售指标考核体系，跟进落实销售指标考核分析工作及营销改进措施。

（4）预警机制建立：协助统计分析各区域分公司货量构成及销售情况，完善销售及货量计划分级管理制度和动态预警机制，针对各区域分公司年度、月度销售计划进行过程监控、检查和协调。

（二）数据管理

（1）经营数据分析：每月统计分析集团各区域分公司货量及销售计划执行情况，为决策提供数据支持。数据管理的目的不是简单加工和提供数据，而是通过数据分析为管理层提供战略判断依据。

（2）做销售数据归口管理、佣金及激励计数管理，以及和财务、成本对接营销成本数据和利润数据。

（三）销售管理

销售管理是后台体系最核心的板块，是营销管理的监控和刹车机制。具体是销售后台管理、销售服务管理、销售合约规范管理、明源后台系统管理、认购与签约管理、更名退楼等特殊操作管理、销售价格确定与管理、底价管理、促销管理、员工优惠。

1.销售后台管理

负责全集团后台事务团队建设，制订并执行标准化的销售后台事务人员的业务培训、晋升考核、绩效评估及薪酬制度管理。

完善销售管理制度，拟定规范销售流程及内控规范，编写销售管理手册，为区域分公司提供专业性指导意见。

设定标准化的销售流程检查规范，指导和服务项目，对区域分公司和项目的销售中心销售操作和后台管理规范开展内控检查。

协助销售流程培训及业务考核，建立销售管理内参案例库，组织各项目对销售流程及警示案例专题进行学习。

2.销售服务管理

设定开盘流程规范、开盘稽查操作规范和考核处罚机制，进行开盘流程控制，确保开盘顺利。

负责销售案场的监控工作，对违规操作和不规范的操作行为提出稽核警示，并提出处理意见。

统筹营销中心客服工作，代表营销中心接收和处理营销服务问题与客户投诉，跟进并推进解决方案实施，搭建营销服务监控机制，对重大服务失误事件进行经验总结与分析。

统筹全员营销活动开展，提供投诉和跟进处理服务。

指导项目处理银企合作问题，监控按揭欠款回笼情况，设定相关措施促进回款。

配合银行处理担保期内的不良贷款，并跟踪资产的拍卖，处理不良资产。

监控整体销售资金回笼情况，对接资金回收有较大问题的区域分公司，提供指导性建议，对相关问题及责任人提出处理建议。

设定交房流程和管理规范，审核项目交房方案，跟进交房办证工作移交，督导尾盘营销中心撤场工作。

3.销售合约规范管理

拟定项目商品房买卖合同等法律文件范本，把控各项目商品房买卖合同实体内容，针对各区域分公司对于法律文件的区域性修订提供专业的指导性意见。

拟定项目认购、认筹协议等法律文件范本，把控项目相关文本内容，提供审核及指导性意见。

拟定项目大宗资产交易和定制物业的商品房买卖合同等法律文书范本和框架体系。

针对销售中心处理涉及法律问题的客户投诉、客户纠纷等突发事件，提供专业的指导意见。

收集、研究国家、地方政策法规及其变化，指导项目特殊产品、特殊情况的合规销售，保证销售行为合法合规性。

拟定项目宣传推广及营销资源采购合同范本，把控各项目采购合同实体内容，针对各区域分公司对于法律文件的区域性修订提供专业的指导性意见。

指导和把控各项目渠道（如中介代理、包销等）机构的引入及合作协议的签署。

4.明源信息系统的开发、管理和维护

根据营销中心的业务管控需要，完善明源销售业务管理系统，为执行层提高工作效率，为管理层提供有效的管控工具。管理和优化明源信息系统平台，搭建大数据分析模块并指导应用，同时从营销体系的政策支持、营销费用管理、销售后台管理、销售回款、售后风险控制、信息系统支持等多个方面指导营销策略执行方案的实施。

设定明源系统管理制度、管理规范及工作指引，开展明源系统普及培训工作，提供使用咨询服务及工作指导。

根据相关管理制度和使用规范要求，对明源系统的使用进行监控督导，对违反规定的行为提出处理建议。

收集用户的反馈意见，分析研究解决方案，持续改进系统功能。日常维护工作指为系统用户提供维护服务，包括套打、报表、权限设置等。

引入和开发最新的多媒体技术，为楼盘提供具有吸引力和感染力的展示工具和平台。采购并维护营销大数据分析系统，研究大数据应用支持营销、指导业绩提升的方案。

（四）价格管理

价格管理指整盘货值管理、全周期定价管理、底价管理、销售价格审核与技术管理、促销执行管理。

（五）预算及费用管理

预算及费用管理不仅包括预算管理、费用管理（推广专项费用除外），也包括供应商和合同管理，以及付款与财务管理。

统筹营销费用管控工作，设定费用管控规范，监督及指引区域分公司和项目按管理规范进行费用预算、申请、执行、付款等。

统筹集团年度（月度）费用预算的编制工作，给予费用预算标准及费率上限，指导区域分公司、项目完成预算编制。

归集汇总各项目费用使用情况，进行分析总结，提出优化建议，每月上报营销费用统计报告，提前预警及调整下阶段费用管控方向。

会同集团财务管理中心完善费用管控系统，确保营销费用数据准确。

设定费用管理办法和工作指引，加强区域分公司、项目营销费用管控意识，提高费用成效，降低开发成本。

佣金制度优化。负责集团佣金管理规范的拟定，指导和负责把控项目佣金薪酬制度的设定、优化、调整及阶段性销售激励方案的设定。

（六）知识体系搭建和梯队管理

知识体系搭建、培训组织与管理、继任者与梯队力量管理。

梳理汇总各区域分公司营销工作按计划推进落实的情况，开展项目经验交流、培训及指导工作。收集集团内、行业内外各项目优秀经验案例，推进营销经验及新技术信息共享。

知识案例汇编，沉淀和推广好的营销管理经验，整理汇编营销案例库。

二、市场策略部职能设计

1.品牌推广：集团整体品牌推广、媒体对接和公关管理。

2.推广费用管理：全年推广费用管理、双月推广费用预审管理、单项推广报批管理。

3.营销策略管理：设定集团年度、季度和突击整合策略主题与实施方案，审批管理各区域分公司和项目报批的专项策略方案。

4.渠道管理：负责统筹分销公司、代理公司、广告策划公司和电商公司的合作管理，建立健全分销公司和代理公司等的管理及准入制度，并监督执行。

5.体验包装管理：示范区包装标准的确定与管理、体验馆和样板房等的展示品质提升与管理。

6.标准化搭建：营销标准化搭建与管理，沉淀优秀知识体系。

三、前策产品部职能设计

1.投拓管理：投拓配合与决策意见研判。对拟投资项目进行初始市场调研，为决策提供市场依据和定价判断。审核区域分公司或城市公司提交的拟投资项目前期第一次市场调研报告、第二次市场调研报告及定位报告的审核，针对集团投拓部门的相关拓展计划，确定前期市场调研方案，并积极推进。

对定位A类拟投资项目的市场调研，给出项目定位和营销建议。项目定位主要内容有：客户定位、产品形态、配比、建筑风格、园林风格、交付标准。营销建议主要内容有：售价、货值预估、销售周期、营销费率、示范区及展厅建议。

拿地后开展第二次市场调研，对第一次调研的数据及结论进行复验，细化调研数据。对第一次调研的规划及产品建议进行修正、细化的内容有：住宅形态；机动车、人行主出入口建议，洋房；低密住宅各业态层高；户型赠送比及具体赠送方式；产品选型；户型建议及配比；商业规模、业态及选址建议；交楼标准；建筑及园林风格。

2.产品价值管理：所谓产品价值管理，就是基于产品定位之上的项目整体产品竞争力和附加值竞争力的全周期管理、全价值链管理。要通过产品定位研判，创造竞争力，提供附加值。从终端需求出发，主导和协调、引导集团设计部门对区域分公司或重点项目的规划、户型、园林等设计方案进行产品策略指导，对有偏差或竞争力不够的项目进行定位调整，监控并对落地项目与前期定位的偏差进行调整。

3.产品线和产品标准化管理：联合产品研发中心开展产品标准化工作，确定产品线，推进"四化"，即产品标准化、装标标准化、展示标准化和清单标准化。

4.装标管理：与产品研发部门对接，负责集团整体装标设置研究与管理；同时，推进智能化的研究，推进智能化标准化。

5.示范区打造：与产品研发部门对接，负责集团整体示范区与样板间风格标准的确定与把控（包括售楼处、示范区、样板间、商业街），包括设定位置、面积、风格要求、样板间配置标准等。

6.战略建议：对项目的货量组织、推售节奏和销售价格提供战略判断依据。

项目开盘后，对项目定位进行复盘，利用到访客户分析、成交客户分析对前期客户的产品定位进行判定——是否有定位偏差。

四、"飞虎队"职能设计

1.实行分区域对接帮扶，发挥营销尖刀功能，推动区域分公司的业绩业务开展。

2.对于大盘或具有战略意义的项目推盘，承担开盘专攻队职责。

3.进行重难点帮扶，发挥技术优势。如果发现项目偏离正轨，业绩长期偏差，经多次提醒督促依然没有改变的迹象，"飞虎队"启动业务介入或进行业务托管的模式，直接营销操盘。

五、集团营销中心薪酬体系思考

1.先放后收：薪酬体系实行"先放后收"的原则。即在企业快速发展期，规模未做大的现阶段，加大薪酬竞争力，引进业务型选手；在企业规模做大、品牌影响力扩大以后，可利用平台吸引力并结合市场环境进行适度薪酬收紧。

2.双轨制：集团营销管理中心薪酬体系实行"双轨制"。"飞虎队"采取高激励模式，捆绑对口帮扶区域分公司和项目的业绩，以奖金系数作为收入调节手段，具备业绩对应的奖金上浮空间。职能板块则更多强调固定薪水与市场接轨对标，保障体系的稳定性，具备固薪竞争力。

第六节 成熟期的组织重塑

当一家企业实现规模优势，走出发展期后，必然面临着组织重塑的问题。比如，以年度一千亿元的业绩规模为界作为一家企业发展期和成熟期的分界点，那么，在步入成熟期后，进行组织重塑前，首先考虑什么样的问题呢？

两大问题：业务线均衡、管理线颗粒度。

1.业务线均衡：增速与提质的平衡、区域切分与均衡发展、市场广度与策略纵深、裂变速度与业务资源匹配、大市场低覆盖与小市场高覆盖、业务的存量与增量。

2.管理线颗粒度：管控范围与管理颗粒度之间的矛盾（管理颗粒度太大就难以发现和解决问题，颗粒度太小则会增加管理成本）、深耕布局与管理资源匹配、业务发展速度与平台建设速度匹配、快速发展与营销标准化的矛盾。

企业在成熟期的组织重塑有几大要点：架构与流程再造，职能角色定位转变、安全阀与体系孵化、组织力打造。

一、架构与流程再造

1.由于业务规模较大，集团如果再进行垂直强管控，管控深度和管理颗粒度会明显不足，所以，需要由强管控向矩阵式架构转变，更加强调地方自主权，做好区域分公司切分裂变与市场规模控制，释放区域分公司的生产力，解放集团的管控力。如果一家企业的总部越来越庞大，基层的主要精力不是围绕着市场，而是每天因集团众多人员的工作指令而疲于奔命无暇他顾时，这家企业的管理成本就太高昂了，离倒下也就不远了。

2.为解决深耕问题，应加大区域营销裂变速度。营销区域数量太少，难以起到赛马的效果。区域数量太多，意味着区域单兵作战能力不强，集团管理的颗粒度会也不够。但是，裂变速度要循序渐进，以不影响团队稳定和业务开展为原则。营销区域的设置尽量采取和项目区域匹配的原则，以减少营销区域的对接点和对接工作量。

二、职能角色定位转变

1.在发展期，集团营销由于侧重强管控，既是教练员，也是运动员，对业绩承责，常常承担业务尖刀角色，支援动态化，救火与补位常态化。进入成熟期后，集团回归裁判员和技术顾问角色，让区域分公司对业绩负责，对结果负责。

2.集团营销优化架构后，更多通过平台搭建来解决问题，集团适度业务"抽离"。集团做战略布局与资源整合，区域分公司做强做大做业务覆盖广度，项目做项目群做经营深度做业务细度。

3.集团做营销体系的搭建，做目标和策略管理、资源的协调、团队孵化，做产品与技术的辅导。

4.纵向贯通，横向衔接。业务做抓手，管理做推手。集团营销从纵向上，保证集团方针落地，做深业务管控，以运营思维做业务抓手，确保战略布局、业务开展；从横向上，为营销争取配合条件和获取工作保障。对项目区域，做好配合与制衡，推动投拓与供货、产品打造、品质提升，获取业务开盘的边界条件。

三、安全阀与体系孵化：三个管控，三个聚焦，两级授权

（一）三个管控

（1）管控关键节点：重要节点不延迟。即使延迟，也要加任务。比如，延迟后考核标准提高，每延迟一个月推售则任务递增20%。

（2）管控关键人员：区域分公司负责人选拔任免，操盘手提升竞聘，领军人才孵化和储备力量培养，以及项目管理人员或平台级人员异动等。

（3）管控关键业务点：货量组织，标准和产品打造，定价与推售范围。

（二）三个聚焦

（1）聚焦前期：集团加强在项目前期的定位把控，发挥更加积极的作用，从源头解决问题，避免出现产品定位不准和定位偏差的问题。

（2）聚焦产品与品质：在拿地和产品定位等业务前端介入，和集团投拓、前策产品部紧密对接，对于户型配比、产品定位和装标选用、增值服务做好把控，严控产品品质展示与提升，联动集团运营和工程中心对项目进行"飞行抽检"，必要时联同和推动集团运营开具"限期整改单"。

（3）聚焦关键节点：对于推货延迟等问题，要建立集团营销部门对集团运营部门、集团总裁的"供货预警直通车"长效机制，营销部门每周把问题反馈给集团运营部门和集团总裁。

（三）两级授权

（1）集团营销部门将根据各营销区域成熟度和风控情况进行分级授权。对成熟度较高，过去一年内风控管理无重大问题的区域分公司加大授权。对于成熟度不高，或是在过去一年里曾经出现过较大风控问题的区域分公司严控授权。

（2）对各区域分公司的管理动作分为标准动作和加分动作，标准动作正常授权，加分动作审慎授权。

（3）在授权的同时，推行实施问责制。问责制以后期开盘复盘为依据，包括业绩问责、产品定位问责、投拓问责和管理问责。

四、组织力打造：平台改变、团队锻造、人力结构优化、组织创新

（一）平台改变

（1）重新定义集团职能，把业务职能更多向管控平台转变，把用人平台向人才技术孵化平台转变。

（2）管理力量侧重倾斜，新区域重帮扶，弱区域重管控，强区域重授权与监

控。把集团管理力量向新区域和弱势区域倾斜。

（3）进行平台自身管理改革，实行销售事务和市场策略管理对接的分区制，配合深耕，快速反应。

（二）团队锻造

（1）对三级管控的各个平台进行有针对性的平台锻造。三级管控指集团管控制、区域兵团制、项目尖刀连。通过平台锻造使顶层有制度设计，中层有人才池，基层有机动战斗力量和快速反应部队。

（2）加强业务能力锻造：产品力打造能力培养，领导力提升计划，尖刀与后卫型的因人施策培养。

（三）人力结构优化

（1）团队优化：优化集团整体团队结构，健脑，瘦身，强腰，壮腿。

a."健脑"：集团平台加强和引进高质量人员，丰富集团平台知识结构，强化策略能力和产品打造能力以及销售管控能力。

b."瘦身"：强化人工效能考核，以人工效能定编制。根据实际业务开展需求，实现集团内的人员合理调剂（一二线城市的适销项目减编，三四线城市的难点重点项目扩编），在总编制优化的情况下，改变人力结构的区域分布，提升作战灵活度。

c."强腰"：加强对储备营销负责人的储备与培养，以应对多项目同时获取和启动，集团更多介入到选人和用人环节，确保营销操盘手、对于承接集团要求的各区域专业线条负责人的人员把关。

d."壮腿"：培训体系强化，加强基层作战能力。

（2）人力提升：在人均效能、策略能力、拓客圈层、开盘组织团队和职业素养几个指标里要处于行业领先地位。通过编制管理、垂直培训（建立三级培训体系，结合竞聘和责任制）、实战锻炼（百团大战）等手段实现。

（四）组织创新

（1）思想创新：由强管型向服务型转变，以业绩导向为项目服务，确定匹配新模式的管控机制和工作标准化模型。

（2）激励创新：实行三级（高层、中层、基层）激励制度。

a.高层激励：集团由"救火型"向"孵化型"转变，建立高级人才培养的长效机制。发挥人才孵化功能，每年向各区域输送一定数量区域营销负责人。

建立集团内的区域营销负责人奖金池，对业绩出色且平台建设优秀的区域营销负责人从整体奖金池抽取奖金进行激励，同时，给予精神激励和可优先选择区域的权利。

b.中层激励：对业绩出色的营销操盘手，建立可脱颖而出的上升通道。推出"裂变计划"，单核变多核。实施师徒导学计划，区域营销负责人以上人员均要带徒弟，带好徒弟，做好关键岗位人员的人才孵化，尤其是对储备区域营销负责人等领军岗位和区域专业线条负责人岗位的孵化。

c.基层激励：加价加佣、销售冠军额外优惠售楼等激励政策，结合基层战斗力提升举措，做到业绩鲜明，人人有激情、事事抢着做、做事高标准、过程和结果一样精彩。让新同事快融入，让老同事有激情，让中间同事有动力。

（3）手段创新：推进全线上流程改革，减轻人员负担。机械化的事情让系统做，有逻辑的管理由系统代管。

（4）工作创新：重新定义流程管控，全面打通业务线上审批到系统执行，全数据搭建，全程记录审批环节及可导出分析。

04

CAO PAN

第四章　投　拓

第一节　营销和投拓的关系

对于房地产企业而言，投拓是企业的发展引擎，是决胜在前端。有土地则生，无土地则死。但是，如果拿错了一个项目，可能会生不如死。对于一个项目，拿块好地，等于成功了70%，投拓竞争是房地产企业竞争的第一站。

投资拿地，不是只依靠融资端的资本去拿地，不是只依靠财大气粗，而是靠产品能力和品牌口碑所带来的销售溢价能力、市场判断能力、城市布局能力等各种因素叠加的综合性竞争。

房地产企业里，一般在营销对投拓配合上会出现营销被投拓绑架的局面。很多企业的营销都是被投拓绑架的，是陪绑的角色。即使营销不看好的地，投拓照样拿。营销的意见，只有在有利于投拓时才被采用。其实，营销在投拓工作配合中的定位应该是：专业复核、客观评估、协同效应。选择城市+选择土地+产品定位是营销对投拓的三项重点配合工作。

一、专业复核

营销从市场条件去判断产品定位，由此定位可实现售价和货值的上限，倒推土地价值。另外，对于项目后期可能出现的结构性风险，营销应该在前端介入和控制。比如，对于旅游度假地产项目、商业占比较高的项目、城市外溢型市场项目和土地价格过高项目以及在市场峰值时集中获取的项目，营销要对高风险项目获取比例予以预警和控制，起到一定的预警甚至是刹车机制。

二、客观评估

营销是第三只眼，避免投拓主观意识太强造成的误判，做到营销不被投拓绑架。营销要带着问题做市场调研，带着问号想定位，带着思考想策略，带着质疑去讨论。多对比，在答案确定之前多去否定和自我否定，才能做到客观公正。

三、协同效应

让营销参与投拓配合，不是工作甩锅和丢包裹，而是应该追求两个部门配合所产生的协同效应。营销和投拓的协同效应，应包括技术协同、信息协同和资源协同。

1.技术协同：就是营销发挥前策产品优势，对地块适合的产品定位和售价做出合理方案，投拓部门计算资本账、设置商务条件、评估项目运作风险及确定实施路径。

2.信息协同：就是双方在土地信息、土地方信息、市场政策变化信息等方面互通有无，避免信息掌握不全出现的误判。比如，有的合作项目，土地方已经在没有合法销售手续的前提下通过团购等方式销售出去了部分房源，存在着潜在的法律风险。

3.资源协同：就是两个部门把自己掌握的市场资源和人脉资源贡献出来，共同解决问题。

第二节　投拓的三个层级

投拓是战术组合，但更是战略选择。不同的投拓团队有不同的战略水平，仅依靠资金优势和机会型拿地的投拓是走不长远的。投拓能力按照不同层级，分为取势、明道、优术三个级别。

一、取势

投拓策略，其实就是企业战略的前端体现。大企业用规模化解周期风险，小企业选赛道或赌周期。低谷时适度激进、重仓拿地；市场见顶时稳健布局、收缩阵线，只拿底价摘牌项目，去库存保证现金流。

高周转企业会优先选择预售条件低的城市，峰值投入低的项目。溢价型企业会重点选择城市维度高、客群支付能力强、限价条件等监管环境宽松的市场。现在很多企业拿地会选择少投入或不投入自由资金的项目。

大的战略决定着拿地的方向，这是取势的层面。是做高周转，还是做溢价；做住宅，还是产业拿地；是采取农村包围城市的策略，还是固守一二线城市……不一而足。哪些城市淘宝，哪些城市重仓，哪些城市只赌风口，因情势而定。选择区域切割面其实就是选择战略进驻和深耕城市、选择城市群、选择城市风口。

另外，现在是抢排名、抢份额的时代，是采取单一开发，还是强强联合——你做产业我做住宅、你做商业我做公寓；是小股操盘做代建，还是收购合作搞并表；投拓拿地时的净利润评估底线是多少，10%还是12%？这些都是战略层面的选择，直接影响到项目投资的方向。

二、明道

明道层面，更多是指进入市场的时机选择和方式选择。

时机选择很重要，是提前低成本介入预热市场，还是在别人已经把板块做热之后再进入，区别很大。市场风口是怎样形成的，如何看准市场风口并断定这是一个风口；风口期有多长，是否可以支撑一个大盘的整盘去化……这些都是投资层面必须想清楚的命题。

投资始终是算账，账算得过来就拿地，算不过来就放弃。但是，方式选择也很重要，是通过联合体竞标去减少竞争对手，还是引入资源去勾地，还是通过联合商业和产业资源在拍地时化解风险，还是通过"马甲"去增加抽签概率，这些都将直接影响土地价格，并且会成为土地获取的胜负手因素。

三、优术

（一）市场优术

一线城市树标杆，二线城市做粮仓，三线城市做深耕，四线城市去淘宝。

从城市格局、城市交通研判城市吸附力，从城市规划锁定城市发展方向，从城市宏观经济数据研判城市能级、城市经济实力及房地产发展健康程度。

择板块，低成本进入，蓄势待发等待时机。观察地区经济形势好不好，可参考下面的两个三问。

三问①：GDP增长率，财政收入量，就业率。

三问②：用电量多少，货运量增减，存款流动量。

另外，春节空城指数也是一个很有效的参考指标。春节空城指数是个反向指标，这个指数越高，越代表当地对外来人口的吸附能力强，越说明当地经济发展势头强劲。比如，佛山就是春节空城指数最高的十大城市之一，这个排名与佛山目前的实际经济情况还是比较相符的。

板块市场剖析：通过四个维度综合评判，选出当前处于价值洼地、未来可提升空间大、潜力高的板块重点关注，选择进入机会。结合公司发展策略，针对不同价值区域，给出不同打法：高价值板块做标杆型项目，中价值板块做短平快高周转项目，低价值板块进行战略型提前布局。

小市场采取机会型进入策略；短平快、高周转项目以市场份额和销量为主，兼顾利润。

对于价值洼地板块，采取战略型市场布局策略，等待市场轮动，做价值回归项目。对于高潜力板块，采取抢夺型拿地策略，也可以合作开发，布局粮仓型项目。

对于高价值市中心板块，采取捡漏型策略，在市场横盘调整期择机拿地，项目做品质、立标杆。

对于低价值区域，比如城市远郊或外溢型板块，勾地型项目。在土地价格十分优惠且前期投入资金少的情况下才可以考虑。用少量资金囤地，后期做主流产品，做突破区域瓶颈的快跑型项目、现金流型产品。

对拟投资项目的市场初始调研，工作重点如下所述。

（1）城市概况：地理位置、气候、交通、人口、资源、经济等。

（2）地块情况：区位、四至、交通、现状、优劣势分析。

（3）市场调研：土地市场的供量及存量、房产市场的供需及库存情况、周边竞品分析、市场环境（限购、限售、限贷、限价、许可证取得条件、市场监管力度）。

（4）项目定位：客户定位、产品形态、配比。

（5）营销建议：售价、销售周期、营销费率。

（二）产品优术

找准市场空白点和潜在机会，研究地缘性客户特点，明确项目定位和精准客户定位，按照客户需求进行产品定位。研读竞品竞合关系，结合公司产品研发能力和产品线特点，寻求差异化定位。全面对标市场竞品，在外立面、户型、园林、公共区域装标和产品细节方面建立比较优势。关注示范区设置的思考，通过营销展示建立品质高地，反推土地可获取成本。

建立战略定位，根据对地块属性、市场、客户的分析，初判项目市场占位；同时，根据所进驻区域不同，提出市场占位，产品策略随之确立。

领导者定位下的产品策略：或是具备规模优势，或是占据地段优势等先天优势，结合企业品牌，打造市场领跑者地位，做游戏规则建立者和区域话语权垄断者。领导者定位的产品策略一般以市场适销的主流产品为主。

挑战者定位下的产品策略：面对市场上已经被认可的强势大盘、品质项目，定位上进行直接对位，并在产品上有适度创新和差异化，目标是改变游戏规则，建立新的市场领导者地位。

追随者定位下的产品策略：多因项目体量不大，或项目地段和配套资源不占强势地位，根据实际竞争的需要，通过追随区域板块内的领导者，模仿、紧跟、复制、改进产品，达到借势的目的。搭便车，以小博大，往往是价格战的制造者。这种定位下，产品策略就是基本和竞品接近，但通过细节打造产品比较优势。

补缺者定位下的产品策略：往往是剑走偏锋的定位，走差异化路线，瞄准市场缝隙找到市场上的细分客群。一般适用于规模体量较小的项目，进入某一细分市场，比如专做小户型或大户型。

第三节　新形势下的投拓策略转变

一家房地产企业的全国投拓布局的正确打开顺序应该是：先根据地，再战略城市，再深耕，再铺开。生地做成熟地，再把熟地做成垄断市场；同时，把生力军市场做成王牌军市场，打开增量市场。

一、重仓：先根据地，再战略城市，再深耕，再铺开

跨区域企业，都是从某个城市开始起家的。一个房地产企业的成功，首先是根据地的成功，能够在根据地有亮眼的销售业绩、很高的市场份额、良好的市场

口碑和死忠的粉丝基础。在一定程度上，根据地有多强，决定着这家企业可以走多远。所以，投拓布局，首先是稳固大后方，然后是重仓战略城市，把战略城市变成爆品市场。战略城市的选择意味着全国化布局的开始，所以，应该是全国范围内市场基数够大、发展势头购足的热点城市和网红城市。在完成战略城市的进入和布局后，以战略城市为圆心，进行市场深耕，最后进行广泛布局。

深耕会经历扎根、巩固和扩张三个阶段。扎根是巩固和扩张铺开的基础，就如同大树的根系，扎得有多深，以后长出来的树冠就有多大。

二、加码：熟地变垄断

选准战略城市，然后进行市场聚焦，加大对已经有一定市场基础的战略城市的投入，把"比较优势"放大成"领先优势"，加强市场覆盖力度，把领先优势转化为垄断优势。

大市场做领先，小市场做垄断。

对于规模大的市场，要拔高形象，打造市场标杆，形成企业品牌的广泛市场认知。敢于溢价，做品质标杆或价格标杆，测试当地购买力，为后续项目拉开销售差价。

对于规模小的市场，要做到土地市场的相对垄断。每块土地挂牌时，让竞品不敢直接竞争，更要做到市场垄断——掌握当地至少某一个品类产品的市场定价权。实现相对垄断的最大意义，就是从提升覆盖率到掌握了定价权。

实现"深耕"，一定要有前瞻的战略意识。哪怕是小市场，只要觉得有市场容量，就必须尽早实现战略占位。对优质的体量够大的地块，要提前部署、提升占有率，防止竞争对手进入，建立品牌高地和市场壁垒。只有把优质地块拿回来，才有利于持续规模化发展。前期做成了，赶紧拿后期，哪怕是价格高一点也要拍回来，只要在合理值范围内，因为实现深耕后还有一定的品牌溢价能力。

当某一家房地产企业在一个小市场上达到垄断地位时，也面临着市场风险和经营风险。

1.市场风险包括：①竞品的诋毁和抱团抵制；②相关主管单位的配合诉求等；

③当地会设置很多难度大的挂牌条件。

2.经营风险，特别是市场下行时，会面临：①库存风险；②资金的风险；③房价下跌，消费者群诉风险。应对垄断造成的经营风险，需要控制开发节奏和做好存货管理，化解经营风险，在市场上行时快出货，在市场行情波动时控制开发节奏，在市场行情下行时快速收缩阵线。

三、补缺：生力军做成王牌军，打开增量市场

当战略城市实现一定的市场份额优势后，要建立新的重点市场，打造更多的市场生力军。通过组织裂变和区域切分，做投拓上的业务颗粒度，占领更多的生力军市场，打造一批新的王牌军市场，有较高的市场份额。

加强未进入市场的覆盖力度，尤其是经济基础好或是市场预期好的城市，或是潜力较大、以后有市场轮动机会的市场，拓展新的增量市场。

拓展战略上，要根据新的市场形势做调整，做到与时俱进，同步市场。目前的市场，房地产企业在拓展战略上要进行六大转变：由拍地型拿地向收购合作型拿地转变，由机会型拿地向资源型拿地转变（捆绑教育产业、医疗产业和其他产业共同拿地，然后进行业态分工），由单兵作战型向强强联合型转变（与更多一线房地产企业和地方龙头企业合作），由独自运作型向资源品牌输出型拿地转变，通过产品力打造由市场售价倒推型拿地向溢价创造主动定价型拿地转变，由低价销售拿地向溢价型拓展方式转变。同时，还要注意时机的把控。市场低迷时，加大土地市场布局，但前提是以低成本获取优质土地，以时间换空间。当市场刚刚上行或轮动时，果断出手，打出市场红利的时间差，但这需要对区域市场走势和市场供求关系格局有深刻洞察。

第四节　如何实现市场深耕

一、五个方面做好市场深耕

1.领会顶层思维，正确理解企业掌门人的投资理念，严格执行企业的投资策略，对项目属性和土地价值做判断。该拿下的势在必得，不该跟进的果断放弃，不做无用功。

2.融会贯通房地产投资逻辑——对深耕市场的政策空间、市场周期、客户需求和供需走势有清醒的判断和认知。

3.系统规范投资管理——系统工作、单兵作战能力、板块协同、市场洞察。

4.体系配合，大运营能力保障项目运作成功，供货及时，保证了较高的地货转换率，支持营销。反过来，营销溢价能力强，又给投拓更多的信心和底牌。

5.真抓实干，实现团队重心下沉，建立授权机制，注重拿地阶段结果管控、做好参与人员奖励分配制度设计（让配合的营销和设计团队均参与拿地奖励）。

二、不同层级市场的经营能力要求

1.一线城市—地产—资源获取能力。

2.二线城市—房地产—资源获取与开发能力。

3.三四五线城市—房产—品牌（资源获取或开发能力）。

三、土地定价因素

土地定价的因素分为外因和内因。外因是通货膨胀、货币发行、经济水平（城市居民购买力）、行业周期和政策等因素；内因是供求关系，价格围绕供求关系上下波动。

供求关系分为有效供给和实际需求。

有效供给是指中短期能够实现变现的土地，烂尾楼和过于不成熟的远郊、旅游度假地产项目和已经产业逃离的开发区不要考虑。

实际需求考虑三个因素：第一，每年市场的实际销售余额、销售面积、销量分布。客观看待市场容量，尤其是自己企业进驻后容量的适当扩充；第二，考虑"棚改"因素、房票发放节奏；第三，地级市要剔除县及县以下的市场销售额，县要剔除下属乡镇的市场销售额。要反映真实数据。

根据供求关系，判断进入市场的最佳时机。供求关系分为供应端和需求端两个方面。

1.供应端

（1）招拍挂市场土地供应（政府主导）。

（2）在建项目可售积存（需扣除无效积存，如积压多年的项目和产品等）。

（3）未建项目的潜在积存（研判预计推向市场的时间及货量）。

（4）旧改。

2.需求端

（1）人口基数是核心因素。

（2）市场每年固定的刚需和改善销售面积（三线城市较为稳定）。

（3）每年政府"棚改"进行"货币化安置"的体量。

四、供求关系与市场机会

长期看人口，中期看土地，短期看政策，永远看库存。库存，在一定程度上是供求关系的体现，库存水平就是一个市场有潜力与否最直接的判断依据。库存，分为直接库存和潜在库存。直接库存就是已经获取预售许可证但没有卖出去的库存，潜在库存分为小库存和大库存。小库存是土地已经进入市场，但还没有开发或没有拿到预售的库存。大库存是没有走入市场的土地，待转化的库存。

直接库存常常给人假象，潜在库存才是需要更加注意的因素。考虑到企业拿地到开盘的平均时间，每家企业的最佳进入时间皆不同。

三四线市场充分考虑市场变化的可能性，为抵抗潜在的市场风险，如果是单一地块，且项目规模不大，如果预判在一年内资金回正，就是一个好项目。如果是多个项目，整体货量包如果不大于当地市场半年去化量，也是可以接受的。

若市场上行，可以做足溢价；若市场下行，就要控制供货节奏，拉长销售周期，控制积存量。

五、城市布局方法

城市布局方法主要有强沟通、抓实施、修内功三种。

（一）强沟通

1.竞争端

（1）对地方房地产企业知己知彼，合纵连横。拜访当地开发商，并形成良好互动。

（2）在招拍挂项目产品定价时，要综合考量竞争对手。

（3）了解每家开发商的控股股东，竞拍时避免非理性竞争，争取合作共赢。

2.供给端

（1）主动联系相关单位，明确每年土地供应量，了解政府预期土地价格。

（2）维护好政府关系，争取影响土地供应量，掌握土地供应节奏。

3.需求端

（1）站在消费者角度，了解市场需求，对产品类别（别墅、多层、高层）、价格（总价、均价、价格拉差）、户型（开间、格局、使用喜好）、楼层偏好（一楼、中间层、高层)、外立面(中式、新亚洲、现代、新古典等)等进行全方位调研。

(2)最佳产品布局,精准产品定位,抓紧客户痛点打造产品,使项目整体溢价率最大化。

(二)抓实施

1.扎根阶段

区位选择要选择城市发展方向,或城市成交面积(成交金额)占比最大、售价最高的区域扎根落子,不一定选择城市中心。

2.规模扩张阶段

敢于抬高市场整体地价,以小面积土地地价制造热点,抬高第二阶段布局的销售价格及利润总额,将其利润分摊到新地块,测试市场对房价的接受度。

(三)修内功

1.五个市场

看得清的市场——敢于定价。

看不见的市场——敢于发现。

不敢去的市场——敢于进入。

升级视野看市场——发现轮动。

跳出市场看市场——改变标准。

2.阶段重点

(1)布局城市各个角落,有市场就做,逐步占据市场空白布局,将市场占有率提高,做到市场房价和地价的相对垄断。

(2)将利润提升、质量管控、物业管理等统一协调,做区域性房地产龙头企业。

3.深耕与垄断要点

先"战略":卡位、夺位、占位、固位。

重"团队":目标、互补、专业、系统。

优"策略":环境、对手、资源、方案。

梳"信息":积累、分析、规律、活用。

选"伙伴"：诚信、可靠、互补、提升。

精"产品"：方案、推敲、借鉴、完善。

4.注意"短、中、长"结合的原则

短：借助现有项目、定点A类城市核心区域。和政府战略合作。

中：打造粮仓项目、占领B类城市。专业和定位。

长：多业态发展、开拓C类城市。可通过旧城改造、产业模式捆绑拿地、引进其他资源共同拿地。

第五节　区域分公司投拓如何获取集团支持

一、了解顶层思维，精准把握工作方向

正确的结果来自正确的行为，正确的行为来自正确的思维。不掌握顶层思维，蒙着眼干活，干的都是无效工作。要了解集团顶层思维——关于拿地策略、土地倾向、关注倾向和风险管控以及刹车机制等，首先做减法，过滤掉集团关心的问题，然后按照集团方向去开展工作。

二、建立集团内的战略共谋，争取集团支持

区域分公司要重视与集团投策中心的关系维护，要在集团和区域分公司之间形成"战略共谋"，形成强成本能力基础上的差异化战略，在每个地区成为"本地化的全国性公司"。

1.由于企业未进驻、未销售，须实现突破的城市：做好历史地块招拍挂后评估及竞品售价说明，佐证之前的判断，增强说服力；或以同样城市参考，企业进

驻后最后实现的均价比当地最高竞品高多少，为企业在当地的溢价能力提供背书。

2.城市投拓版图制作（老城核心区或新城发展方向），让集团充分认识到地块布局的战略意义。

3.最有力的投拓信心一定来自强大的保障能力，来自营销团队业绩、区域运营能力等综合实力的共同背书。

4.巧妙用商业兜底、定向承责（如合作方承担）等方式，来说服集团化解风险点。

三、产品创新，溢价能力打造

只有具备产品创新和溢价能力，才能在土地估值时有信心做得更高，才能拿别人不敢拿的地。要让集团内部有信心，区域分公司有能力有实力打造高价值项目，把握高价值地块。

在产品力提升上，敢于突破、敢于创新。在多维度产品力方面，形成项目溢价能力，为后续拿地提供较强的数据支撑，形成良性循环。

四、区域分公司的协同能力

用区域分公司的协同能力建立和小品牌的品牌区隔，用区域分公司内各部门间的协同能力来做本土深耕，做到三个落实、两个确保和两个团队。

三个落实：落实集团运营标准动作，落实数字密码，落实以顶层思维为牵引的管理。在区域协同上，营销倒逼运营，提高供货速度和供货质量；营销引导投资，奖惩结合，提升拿地效率和预期。

两个确保：确保项目策划执行落地，确保管控计划严肃。在区域深耕时一城多盘，各项目之间敢于形成差异化。在产品定位包装、示范区、板房、风格、户型等方面，营销要敢于争取和突破，要力求实现较高去化和溢价能力。

两个团队：成立精英帮扶团队；成立快速决策领导小组，提高决策速率，并实现团队重心下沉。

05

CAO PAN

第五章　产　品

第一节　产品战略管理

对于一家房地产企业来说，必须要进行产品战略管理，并把产品战略管理上升到一定高度上。

房地产企业的产品战略是对其产品进行的全局性谋划，它是企业专业竞争力的直接体现，与企业的发展战略密切相关，也是企业开展投拓、研发、运营和营销工作的重要基础。选择什么样的产品策略，就是选择了哪条发展道路，就是选择了赛道。

房地产企业的产品战略管理是产品管理的顶层思维体现，不是业务层面的问题，而是机制体系和内驱动力的层面。很多企业有产品战略，但没有做产品战略管理。

产品战略不等同于产品战略管理，产品战略管理是企业顶层思维推动产品竞争力升级的持续动作，是一种机制。产品战略管理包括用户地图、产品地图、竞争力趋势、产品生命周期运营策略和爆品策略。

一、用户地图

明确企业主要目标客群定位、客户分布、客户素描和客户喜好等客户特征，以及客户痛点，从中找到研发方向，梳理出所有问题点。

二、产品地图

通过梳理企业的产品地图，明确企业产品现状，梳理出萌芽期产品、成长期产品、成熟期产品、衰退期产品，确定哪些是要淘汰的，哪些是要改进的，哪些是有挖潜空间的。

房地产企业要有开放性产品思维，标准化不是一成不变的，可怕的是标准化的生产力已经不能代表这个行业的生产力。所以，标准化的工作是一项长期工作，要一直持续做下去，要让标准库里面的产品始终引领时代趋势，能够代表和领先这个时代的生产力水平，更能够代表企业的最新生产力，能够做到市场适销甚至是爆品。

三、竞争力趋势

分析行业产品趋势，从中分析比较自己企业的竞争力，找到对标对象和坐标值主要体现在哪种产品和哪些方面。

四、产品生命周期运营策略

根据用户分析和竞争力趋势分析，进行产品组合的全生命周期运营管理，以产品竞争力保鲜为命题，做策略调整布局，淘汰竞争力衰退的产品，扶持挖潜潜力产品，变更和完善拳头产品。

五、爆品策略

所谓爆品，就是产品力特别突出、受客户强烈追捧的、可以一举引爆市场的拳头产品，有强大的溢价能力和市场竞争力的产品。而且，爆品是有一定开发壁垒的，不容易被模仿、复制。

房地产市场上的爆品包括泰禾的院子系列、金茂的金茂府、绿城的桃花源、融创的一号院系列等。爆品战略的核心就是打造爆品，并且通过产品升级的持续管理动作始终保持爆品的市场竞争力，发挥核武器的溢价价值。同时，要注意爆品不是孤品，爆品是可以在一家企业内部被复制的，可以量产的。要杜绝孤品，孤品是项目英雄主义，不是企业战略行为。爆品，一定是IP。而IP，不一定是爆品。比如，成都的麓湖，在业内是个成功的IP，是个优秀的项目，但它是单品IP，是孤品。对于一家集团化企业来讲，即使再优秀的孤品也没有任何意义。因为即使赢了一城一池，还是会输给时代。

第二节　产品战略的大创新、小创新和微创新

大创新：能够引领时代潮流的**行业标准价值链创新**。比如智能家居系统，比如绿色建筑新的做法和标准，比如革命性的一些施工工艺的创新，都可以称之为大创新。大创新是体系创新和前瞻创新，站在行业引领者的角度，做到体系领先和标准革命。

小创新：就是从市场的角度出发，做到用户思维的**产品价值链创新**，做到产品尖叫和爆点营销等维度。比如，建筑风格创新、户型创新、园林景观手法创新、大堂等公区装标创新以及整体装标细节创新等。

微创新：微创新是一切以用户为中心、关心细节的**服务价值链创新**，以微小、聚焦、人性的方式找到用户痛点，让产品自己发声，让服务发挥价值，寻找客户对一款产品做出价值判断的服务力锚点。比如万科的业主食堂，比如东原的四点半学堂和童梦童享。

大创新是行业需求，比的是产业链的整合能力，是企业驱动的。小创新是系统需求，比的是爆品思维和产品美学，是产品力的直接检验，是市场驱动的。微创新是竞争需求，比的是服务增值和人性化应用创新，比的是价值链的延伸能力，是竞争创造的，更是用户需求驱动的。

第三节　做好项目定位的系统性思考

一个成功房地产项目的产品定位要坚持"三角匹配原则"，是寻求企业资源、市场环境和项目条件三个方面的最大公约数，其原则建立在如下五大逻辑之上：土地逻辑、市场逻辑、企业逻辑、规划逻辑和资源逻辑。

一、土地逻辑

地价决定售价，地价决定项目基本定位。高地价，需要营销用改善型产品买单，需要拔高产品力。如果土地有硬伤，如高压线、四面临路、场地不平、临近殡仪馆等，定位自然要务实一些。如果土地是区域内最后的稀缺型地块，则惜售心理适合适度拉长销售周期（注意是适度），产品去化周期结合利润溢价。

二、市场逻辑

市场主导适销型产品范围，要尊重市场，让市场在资源配置中发挥关键作用。城市外溢型地块适合刚需产品，开发区适合产业人群定位产品，城市更新项目挖掘地缘型客户需求。

项目定位前先找到市场参照物和竞争坐标，即产品定标。产品定标就是产品锚定，是开始做定位之前的定位起始值，锚定一个参照物。产品锚定的意义在于发挥参照物作用，确定产品定位目标，知道发力点和差距值，过小或过大都不适合。达不到参照坐标，则产品竞争力不够。远远超过坐标值，往往意味着成本失控，发力过猛。

规划时就要考虑示范区的位置、划分范围、昭示性、通达动线和施工动线组织，以及示范区的样板间方案——比如做临建还是实体样板间，如何在示范区内尽可能涵盖不同的品类并把展示效果最大化。

在做强排时就要有高周转意识，优先考虑首开区的货量组织，要配置营销需求的适销入市产品，并结合时间因素。

项目推售的分区原则大于分产品原则，比如，想同一批次推售的产品尽量放到同一个标段；或者营销负责人要引导项目总经理做施工招标时，在划分标段时考虑结合营销推售意见。

在设计开始工作前，营销要先下设计任务单，给出营销故事线，设计再根据营销的故事线和客户描摹去开展针对性设计和设计还原。没有故事线就开始设计是浑水摸鱼，摸到了也只是运气好而已。

三、企业逻辑

一个项目的定位，不仅仅是看土地、看项目、看市场，还要看开发企业的诉求，尤其是企业对该项目的开发定位与利益诉求，以及企业自身的开发能力。在企业整体的开发项目中，这个项目处于一个什么样的位置，承担什么样的历史使命，是一个短平快的跑量项目，是贡献现金流的项目，还是王牌项目、做形象标杆的项目，还是溢价型项目，都决定着项目的定位。另外，企业的开发能力也对项目定位产生直接影响。比如，商业项目的定位还是要有一定体系支撑才能够做得好的，是有一定门槛的。高端改善型项目也是有一定门槛的。很多时候，企业诉求甚至可以超越项目、土地和市场的限制。

四、规划逻辑

规划逻辑就是设计条件边界化，正边界做满、负边界红线、总图做美和附加值做细。

（一）正边界做满

正边界做满是指容积率和限高等有利指标，要顶着做。比如，充分利用规划设计条件，容积率一定要做满，不损容。

（二）负边界红线

负边界红线是指车位配比和商业占比，一般情况下做得越小越好，要有红线意识，避免产生销售的系统性风险（对于有商业资源的企业，或是该项目所在市场的商业前景比较看好的少数情况除外）。比如，尽可能少配车位，控制单体车位面积。改善型项目适度配置车位。

（三）总图做美

（1）充分利用限高，容积率不是太高的项目（容积率2.5以下的项目），原则上要做高低配。项目做出天际线好看，同时可以尽可能多做出一些低容积率的高溢价型产品。

（2）小地块尽量做大中庭。大地块尽量做天际线，做分区（高容区、中容区和低容区）。项目总规图审图第一原则是看分区逻辑关系，社区是否有景观中轴和活动中轴，低容区地块价值是否和低容溢价产品匹配。

（3）不同产品尽量采取分区原则，采取组团布局原则。

（4）如果项目有写字楼和公寓产品，要设置独立动线，采取苑区外布置原则，不与苑区内交叉。

（5）立面风格要与时俱进，与最新的生产力接轨，别墅不要考虑地中海和法式、美式等风格（立面成本高，施工周期长），且审美已经严重过时。普通住宅不考虑新古典风格，住宅立面公建化。新亚洲、新中式和现代风格是市场上住宅和别墅产品的三种主流风格。

（四）附加值做细

（1）要改变项目附加值，懂得附加值的增减理论。在成本可控的前提下，增加自己的附加值，就等于减少了竞品的附加值。

（2）关注社区大门、单元大堂、地下车库的展示和呈现效果，在成本可控的原则下可考虑做智能化方面的投入与尝试。

（3）社区动线管理：社区门开得越少越好，后期物业管理成本也会控得住。人车分流，人行入口大门一定要体现昭示性，在主路上开，要有仪式感，泰禾和融创的大门做得都不错。确定车行入口和出口前，要计算减少对商铺的影响，计算开口造成的商铺货值减损。如果车行出入口节约的资金可以覆盖开口造成的商铺货值减损，这个方案才是成立的。

（4）园林景观趋势：田园景观日渐式微，城市化景观是市场趋势。影壁墙、镜面水等风格成为示范区主流景观手法。园林景观的每一处要有研磨出来的记忆点。判断一个景观方案是否合格，只要看看是不是会有客户愿意为这个景观打卡就知道了。愿意打卡的点越多，就说明景观设计得越到位。

（5）社区配套不是贪多求大，要算账，把钱花在业主的痛点上。比如，园林景观的人文性和温度成为开发商决胜最后50米的主战场，东原的四点半学堂和全年龄段活动空间（童梦童享）都是值得借鉴的手法。再如，万科的业主食堂也是配套的亮点。

（6）有商业街规划的项目，优先选择把商业街先行建设和呈现出来，既可以提高示范区打动力，又可节省临时售楼处费用。有代建公园或绿地的项目，要提前建设绿地。

五、资源逻辑

资源逻辑包括企业资源、项目资源两个方面。

1.企业资源：是指企业品牌资源和企业的产品线、产品力资源和商业资源、产业资源以及产业链配套资源等。如果企业有产品IP，要考虑和市场的匹配程度。

2.项目资源：包括项目的外部配套资源和项目本身占有的内部资源。如果项目临近大湖等强势外部景观资源，则天际线排布方式、产品分布位置都会以外部强势景观资源为导向去调整，比如大户型要放在景观资源最好的位置，比如要考

虑低密产品按照资源分区等。如果项目有学区资源，则学区房可作为定位的重要
考量。

第四节　如何做好户型配比方案

做户型配比方案时要坚持优生优育、敬畏市场、性别思维、整体把握分区控
制这四大策略。

一、优生优育

1.户型配比方案是产品定位方案的一个重要组成部分，是整个产品定位里最
为重要的一个方面，千万不可以做错。要确保户型配比质量，做到定一个准一个。

2.户型配比如同生孩子，一定要慎重，要优生优育，做一个成一个，生一个
好一个。定位错了就是先天缺陷，后天想补回来很难。冬病夏治，在源头解决销
售问题。

二、敬畏市场

1.在地产行业的下半场，本质上讲，所有企业都要做高周转。时间优先、规
模取胜、现金为王的经营战略适用于任何一家房地产企业。要敬畏市场，以销售
为导向。户型配比不是情怀思维，而是数字思维。通过多方案测算，选取利润最
大化方案，但在成本方面要考虑项目周期加长后的资金占用成本，同时考虑项目
整盘去化周期。

2.常规项目户型配比做出三种方案，按照"时间优先"的原则，选择去化周

期最短或销售风险最小的方案，同时结合企业对利润的要求，达到销售速率和利润的最佳平衡点，采取综合评分原则。不要单纯地选择利润最大化方案。

3.不要做作品，要做产品，做适销对路的产品。户型配比的首要原则是底线思维和运营思维，而不是产品思维。户型配比是为了适销和去化，要卖得快、卖得好，缩短项目销售周期，配合高周转。产品优势做到适度领先即可。至于户型选择，有爆品当然好，但如果为了做爆品延长开发推盘周期则未必可取。爆品往往是系统能力、园林景观和户型设计相结合的产物，是一个开发体系的支撑才能做出来和做得好的。

三、性别思维

1.在户型配比方案确定过程中，户型面积比例是"男性思维"，根据客群人口结构和居住需求而定。但是，产品户型的平面设计则是"女性思维"，尤其是厨房和卫生间的设计要尊重女性客户的意见，站在女性客户的视角去思考设计。

2.刚需和刚改型产品做紧凑和性价比，关注赠送率、得房率和收纳空间。改善型产品做尺度和舒适感，关注面宽、动线和分区、横厅。

高端产品强调价值树——身份、标签、服务、仪式感，分为内部因素和外部因素两方面来打造。内部因素就是产品本身，包括功能需求、尺度奢享、个性化、精装修和资源占有；外部因素分为区位价值、社区配套和其他因素。其中，社区配套要重点关注园林景观打造、会所配套、大堂和地下车位打造。方案先让挑剔的有多次购房经验的女性客户去测试，总没错。

四、整体把握分区控制

1.采取聚焦和成本控制的结合原则：采取户型数量总控原则，同一业态产品户型数量原则上不超过三种。

2.各分期户型配比要尽量一致：对于项目定位不要追求极致，而是采取宽泛定位原则，拉大产品线范围，尽量做到每期都有比较齐全的户型配比，可以充分抓住每一时间段的客户群。高地价项目选择以溢价型、改善型产品为主。

产品定位包括利润测算比较和户型选择两方面。在一个陌生的城市首开项目尽量挑选改善型项目，这样既有利于品牌打造，也适合之后做市场深耕对竞品进行降维打击。

3.小步快跑、以销定产：化解项目定位不准的市场风险。如果对定位没有信心，则采取首期精简搭配化的划定原则，以各户型的精简推盘量搭配来测试市场。

4.预留后期规划调整可能：对于大盘或是定位难度大、一时看不准的市场，提前和设计院、规划局沟通，预留后期容积率和相对宽松的规划条件，保证可低成本调整产品比例以适应市场需求。

五、户型配比五步骤

1.前期调研：了解市场、客户和产品。

2.定位分析：清晰公司要求，熟悉公司产品、产品配置要求、利润价格要求。找准客群定位、市场定位和战略卡位。

3.配置测算：方案测算和方案对比。

4.方案选择：配比选择和户型选择。

5.跟进追踪户型配比方案报审：避免在设计过程中产生的执行偏差。

六、定位中的五种陷阱

1.市场陷阱：市场上行时拿地，拿地后市场下行。

2.样本陷阱：拿地调研时竞品的某种户型热销，结果拿地后该户型销售趋冷，造成定位误判。

3.首开陷阱：首开时集中释放了地缘型客户的需求，给人一房难求的热销假象。加推后，地缘型客户打光，项目销售开始出现问题。

4.团购陷阱：项目前期如果有谈团购的，原则上团购的产品不可以作为定位依据，因为团队价格优惠，客户会尽量使用杠杆购买较大户型，定位的参考价值不大。

5.产品力陷阱：产品领先一步就好了，领先太多反而会有问题，一个是成本难以控制，一个是市场客户接受问题。比较优势比绝对优势要重要，要贴近市场，了解客户实际需求，做到"同等面积比功能，同等功能比配置，同等配置比细节"。

七、商业、售楼处、公建的户型配比方案原则

（一）两个决定：定位决定模式，模式决定方案

（1）商业的户型配比方案和住宅有本质不同，商业的户型配比方案逻辑首先是依附于整个商业地区的定位。先明确是专业市场、MALL、盒子商业还是街区底商。大的定位就决定了商业的整体户型配比方案。

（2）其次，是持有经营，还是快速出售变现，两种模式对户型配比方案也有本质性的影响。持有型商业面积划分以有利于经营为目的，而销售型商业面积划分以总价控制有利销售为原则，同时要结合空间布局考量。

（3）商业的户型配比方案取决于商业动线组织，是一二层独立分开，还是一拖二。一二层独立分开的商铺单体面积原则上不超过50平方米（一拖二的除外，个别特定市场除外），但要做到可以打通使用。

（4）商业的户型配比方案取决于商业的业态定位。

（二）一大一小：总体量合理最大化，单铺合理最小化

（1）坚持"一大一小"原则：总体量合理最大化、单铺合理最小化。结合地块商业指标要求，合理预估售价与体量之间的关系，在保证去化周期和去化率的前提下，测算得出商业体量的极值方案。单铺在满足可用条件下最小化，以利于灵活销售。

（2）控制售楼处面积，分割产权报建：售楼处不可盲目求大，控制总面积，且尽量切割成若干最小单元产权报建，有利于后期销售方案的灵活性。

（3）不可售配套面积最小化，价值最低化：不可售配套面积要尽量小，布局在项目"售价最低"的位置，留有后期独立办理产权和独立销售的可能性。

（4）公寓单体面积更要严控，原则上最大户型面积不超过50平方米，小面积公寓利用层高做成"双钥匙"。

3.附加值提升

（1）科学设计商业布局，满足使用需求：根据车流、人流等因素，进行不均衡的商业分布。商铺前道路通达、绿化、餐饮排烟处理、空调机位、广告位等问题均需纳入定位考虑。

（2）合理增加商业附加值，提升溢价水平：结合当地建筑规范，适当增加夹层、地下、天井、骑楼、院落等赠送形式，最大化溢价。

八、车位定位方案制订要求

1.改善型项目优化车位配比，刚需项目严格控制车位配比：积极沟通投资部门降低新项目车位配比，除确有较多车位需求的一二线城市核心地段项目外，严格控制车位配比，尽量少配置车位，降低成本，降低可能产生的库存积压。但是，对于改善型和溢价型项目，或是当地市场车位销售较为理想的个别市场，可不遵照如上原则。

2.最小化单个车位成本：积极与政府相关部门沟通，增加地上车位数量。定位阶段探索低成本的车位建造方式（提高标高、架空层、半地下停车、不计容地上车库等）。优化地下车库设计，控制车位公摊，减少地下车库总面积。

3.科学布局车位分区：项目内车位分布不均衡布局，刚需产品、改善型产品和豪华型产品采取不同的配比值。

06

CAO PAN

第六章　展　示

第一节　体验感的整体打造策略

房地产项目的成交公式是：成交量=来访量×来访客户质量×产品力×客户体验×接待质量×回访质量×竞品干扰度。

对于房地产项目，产品力和品牌力是营销力的基础，展示力是营销力的必要保障，销售卖的不是产品，是价值感和体验感，搏的是客户心智。营销操盘手做的是增加品牌颜值的工作，要有能力掌控和打造完美的示范区。

安全感比安全重要，品质感比品质重要。打造完美示范区，让项目自带光芒，让钢筋水泥说话。但是，对于很多营销操盘手来说，示范区的打造一般存在几个误区。

误区一：示范区是用钱砸出来的。

示范区的效果与费用投入有相对关系，但没有绝对关系。真正决定示范区展示效果的是操盘手的品位和统筹能力。如果没有一定的品位和判断力，或是在整个统筹过程中盯得不够紧，即使投入再多费用，效果也一样出不来。品位和把控能力是用钱也买不到的。

误区二：示范区面积越大越好。

示范区需要一定的场地，以展现园林景观、体现仪式感、营造梦的环境，但并非越大越好。面积过大会有三个弊端。一是费用不可控，尤其是前期投入，最终还是要营销在定价环节买单，不可为了一时的效果而长期买单，从而丧失价格竞争力。二是场地过大后，要保证整体品质，整个施工周期会拉长，施工组织难度和管理成本也会加大，影响供货节点和推盘周期。三是示范面积过大后，客户进入示范区会被环境稀释，示范区会显得人气不足。所以，要根据项目实际情况规划示范区面积。

示范区要采取费用总控原则，通过压缩示范区园林景观面积和售楼处面积、样板间数量达到费用整体控制的目的。

误区三：示范区打造是项目总经理的事。

好的示范区都是营销操盘手盯出来的，而不仅仅是项目总经理自己的事。一个合格的营销操盘手对于示范区都会提早介入，在过程中深度参与，在落地执行环节亲力亲为，才可能盯出来一个完美的示范区。

比如家具尺寸，即使设计部设计得比较用心，也难免出现尺寸与实际不符、家具和橱柜打架，更不用提软装单位货不对版、对设计效果图还原出现偏差、照度过低等问题了，这些都是需要在现场盯的。在验货环节，在进场环节，在调试环节，每一个环节的标准卡位才能够保证展示品质。还有示范区验收，示范区不可为了开放而开放，必须做到完美，守住品质底线是营销负责人不可动摇的底线。即使为了高周转和抢节点，示范区也是不可以妥协的，是必须死守的阵地。开放前，都要经过企业各部门的联合验收，集体打分、提整改意见，只有集体通过后才可以开放，不打人情分。另外，对于整改的跟进、催盯，也都需要营销操盘手协调项目工程部、设计部、园林景观公司和物业公司等合力去完成。如果不是一个有协调能力并且有原则的营销操盘手，这些是很难做到的。

环境体验策略：示范区的环境体验策略要遵循三阵攻心、三感合一、三场协力、完美动线组织这四大标准。

一、三阵攻心

1.连环阵：示范区前场景观的观赏性、售楼处的格调与卖压创造、后场景观的参与性、体验馆展示的形象力、样板区环境的杀伤力要用主题式动线贯穿，分区亮点设置，动线环环相扣，共同构成连环阵，让客户看房情绪始终被环境调动，产生价值认同。

2.攻心阵：项目大门要提前打造，要高标准，注重仪式感，一举打动客户。体验馆集中攻破心防，人无我有，人有我优，以绝对优势攻破客户心理防线。

3.八卦阵：体验感的变化性带给不同客群、不同年龄段客户不同的体验和感受视角，如全年龄段活动区景观和道具小品设置。

二、三感合一

三感合一就是示范区要体现出仪式感、展示感、体验感，并且三种感觉要高度统一，达到同一种标准和效果。

三、三场协力

（一）前场

（1）前场包括前场和泛示范区。所谓前场，是指项目入口、示范区前场景观和通道，硬件是示范区景观，软件是物业案场形象展示和服务。前场的作用是形象树立、景观呈现、服务体验，前场效率是后场展示效率的两倍。

（2）所谓泛示范区，是指示范区外围的通道及示范区周边的环境。如果是打造一个高端项目，则须将周边环境一并通盘考虑包装，不可局限于小环境做文章。大环境不理想，小环境这座孤岛很难实现体验发力。

（二）主场

（1）现场售楼处，作用是品牌展示、项目接待、价值传递。

（2）动线：前台接待→集团品牌展示→区域规划展示、多媒体影音室→项目规划展示→体验馆。

（三）后场

（1）示范区后场是真正拿下客户的核心阵地，是达成客户成交的最后10米。

所以，后场的打造要更加用心。后场又分为后场景观和样板区。

（2）后场景观不同于前场的仪式感、品质感和动线设置，后场景观的作用更在于为样板区进行范围铺垫，进行情绪加温。所以，相对于前场景观的"硬"，后场景观要做"软"。相对于前场景观的观赏性，后场景观要更加注重景观的参与性，比如儿童活动区等。

（3）样板间不是户型具象化，也不是仅仅做钢筋水泥的展示，而是要描绘产品给人的想象空间，是要高于和引导客户的心理预期、审美品位和生活情趣的。客户是不会为没有想象空间的产品买单的。

（4）样板间要把产品的核心竞争力做透、讲透，比如金茂的样板间会把它的高科技讲透，用实物展示毛细血管等系统。

（5）尽量选择实体样板间，展示效果会比较好，代入感较强。如果为了抢开盘节点，可以选择临时样板间，但要进行整体规划，集中布置，做成样板区概念。多个临时样板间集中在一起，上面集中盖顶，中间设置景观走廊通道。

（6）样板间趋势是轻装修、重装饰，要摈弃过气的风格，如美式风格、豪华欧式、东南亚风格（度假项目除外）。

样板区的主题要结合项目整体调性和项目特质，每个样板间都要有单独的故事线，都要有单独的主题和调性，要避免重复提炼。这方面碧桂园做得比较好，如"蒂芙尼"蓝、"爱马仕"橙、"香奈尔"灰、"宾利"棕等。

刚需展示收纳，改善展示空间尺度。

四、完美动线组织

完美体验动线的组织要遵循如下几大原则：费用集约、动线紧凑、单循环、预期打造和卖压创造。

1.费用集约：在景观方案设计之初，以及在包装手段的运用上，精心规划客户体验动线，就要把亮点集中布置在客户经过的地方和沿途看得见的地方，把钱花在刀刃上。在总体费用包干封顶的前提下，把示范区打造完美。

2.动线紧凑：看房动线不是要把示范区全部走一遍，而是要看重点，考虑到客户参观及销售接待需求，将注重以小见大、以简代繁，集中展示、做细做精，将配套、板房、售楼部集中设置，把亮点串联到一起。重点打造项目入口（仪式感）、园林主通道、建筑立面传达、大堂门厅、样板房。

3.单循环：看房动线要做单循环，不走回头路，形成看房动线的闭环。如果是两种业态，要有两条不同的动线，按照各自业态的特点和客户体验需求进行单独设置。比如，高层有高层的看房动线，重点看配套。别墅有别墅的看房动线，重点感受环境、物业高端服务。

4.预期打造：所谓"预期打造"，就是把项目交付以后或社区配套成熟以后的预期提前在示范区展示出来。比如，示范区开放时要把未来的公交配套做出来，模拟建设实际公交站台，有公交站牌，并要把门前路灯和绿化做出来，传达成熟外部配套。要引进超市、餐饮等实体店配套，模拟项目成熟苑区生活。不允许外围通道毛坯状态，物业形象岗要前置，提前培训。

5.卖压创造：卖压创造取决于整个动线的紧凑及客户滞留时间的黏性。另外，要尽量压缩面积，提升案场人气。比如，售楼处里的VIP等功能间越少越好，如果不是投诉客户则尽量不要引导客户进入功能间，以免显得案场人气不够。压缩售楼处内的接待区面积，必要时做一些屏风处理。动线上设置一些打卡点，提升客户滞留黏性，也可作为网红热点宣传。

第二节　如何打造体验馆

现在的房地产企业越来越关注体验馆，但把体验馆做得到位的却不多。体验馆的价值在于能够全方位提高客户对品牌、项目、产品和服务的整体认知，打消客户疑虑，同时为销售提供溢价工具，提升项目产品的竞争力。

体验馆展示的是实力，卖的是风格，打的是差异化。体验馆参与感要强，展示要有互动，体验馆的内容必须遵从真实的原则，合理专业，不可随便捏造或明显夸大。可以化妆和微整形，但不可以整容。营销条线须与项目和设计部充分沟通，共同参与体验馆产品价值内容的规划，营销再根据项目的产品价值点内容，融入体验馆动线设置当中并进行展示。

在场地空间和费用允许的情况下，一个完整的体验馆的空间可控制在100~150平方米，可规划为品牌区、产品区、装标区和物业区四个部分。

一、品牌区

对企业品牌溯源，对开发实力、项目布局、开发理念、荣誉奖项和企业公民责任等做详细解读。

二、产品区

对规划亮点（规划天际线、组团分区、内外部强势景观、楼间距等）进行直观展示。

（一）项目强排效果和整体日照通风展示

采用日照分析模拟系统，以此来表现项目在各个时间段不同的日照方式。设置不同时间段射灯，通过设置操控台显示项目在不同时间段下的日光照射。通过设置项目的简易模型，底部用LED灯带表明风向流动，仿照项目的通风情况。

展示效果要求：需在社区模型内体现日光照射的变化，每栋楼可以体现光照时间长、通风效果好，客户可以直观地看到项目整体光照通风的情况。

（二）楼间距展示

通过场景模拟，利用可移动的楼体模型体现楼间距的变化。通过移动模型的方式来表现楼间距，制作两个楼体模型，模型底之间隐藏轨道，底层为项目园林平面图。设置操控台可让楼体模型左右移动，直观地表现楼间距的变化、视野景观的变化。

展示效果要求：通过操控台控制楼体模型移动，体现楼间距对视野的影响，楼间距越大，越减少对视，景观视野越良好。

（三）户型全周期设计展示

制作户型模型，以图文形式介绍全周期户型的各个周期的生活需求。针对各种需求，提供户型所能有的各种改造方案。

展示效果：能够展示出户型的变化，全周期户型满足家庭在不同的阶段的多样化的需求。

（四）园林景观卖点

展示设计理念和景观设计亮点，包括中轴景观、大门、中心广场以及景观小品亮点等。

三、装标区

建材装标展示包括智能化社区、社区直饮水、智能化社区管理系统等社区大装标和收纳系统、建材橱柜等住家小装标，以及创新功法展示等。要求所见即所得，尽量用实物展示，用材料对比数据说话，尤其是直接与竞品的材料做对比，加强数字感和体验感。

四、物业区

对监控系统、安保装备等物业服务设备设施及智能化App等服务手段和其他服务工具、工作道具进行展示。

从整体来说，一个成功的体验馆并不完全是靠硬件和包装打动客户的。服务能力和讲解水平是加分项，也可体现出营销操盘手的管理水平。讲解员就是体验馆的窗口和名片，要具备形象优势和专业优势。

在形象优势方面，讲解员要有林志玲般的声音，王小丫的亲和力。在专业优势方面，讲解员的说辞必须涵盖体验馆的完整内容和亮点，能够系统、专业、清晰地表达出项目的核心价值。讲解员讲解得好，是因为培训做得好和管理到位，要让讲解员一直保持一种积极向上的工作状态。

有的项目实现了跨界营销，和气味博物馆、声音博物馆结合，拓展了品牌厚度和内涵，提升了客户体验，取得了良好的效果。

第三节　售楼处打造各阶段对接控制点

一、方案阶段

对接部门：对接设计部和设计院。

把控点：关注选址方案复核、营销牵引、成本总控意识、分区分动线。

（一）选址方案复核

设置售楼处时，首先搞清楚是否为临时建筑。如果是临时的建筑，或者是无法销售变现的建筑，压缩售楼处和示范区整体面积，并且控制样板房数量。如果有会所或幼儿园等规划，可以提前建设作为售楼处使用，只投入装修和配饰成本。如果项目有昭示面好的独立商街，可先做出一部分，展示面效果也会不错。

（二）营销牵引

营销要针对示范区和每一间样板间给出营销故事线，做详细的客户角色模拟，发挥营销牵引作用。

对于售楼处，要规划成主题式售楼处（比较好的几个主题包括书吧、米其林美食餐厅、咖啡、儿童乐园、飞行体验馆、海洋世界等）。

（三）成本总控意识

示范区，尤其是售楼处的打造要有预算总控意识。根据货量铺排、营销费用分摊上限确定示范区面积和售楼处面积，不可盲目贪多求大。除了售楼处面积，还要对样板间进行数量总控，挑选主力户型和销售难度大的户型去做。不可一股脑把所有户型都做出样板间，既造成费用浪费又加大客户选择难度，失去了推介重点。

（四）分区分动线

（1）分区：如果场地允许，售楼处位置要居中设置，有前场和后场景观。结合销售端接待需求，售楼处内考虑设置迎宾区、接待区、讲解区、展示区、洽谈区。

（2）动线：售楼处动线设置采取客户和员工动线分离、不同产品动线分离、示范区整体看房动线单循环不回头的原则。注意样板房设置和售楼处功能设置（样板房注意收纳系统展示），规划体验馆和物业体验馆。

二、抢工阶段

对接部门：对接工程部、园林景观施工单位和设计部门。

把控点：形象进度、装修细节、软装品质、配饰品位、景观小品效果。

把控手段：项目总经理和区域总裁是推动标准进步的主体，但营销操盘手是推动者，要推动区域总裁把项目示范区做标准、做标杆，形成比学赶超的氛围，重奖重罚示范区和项目打造，尤其是示范区展示状态，强调造梦。

要多建立告状群，及时反馈问题，把集团总裁和区域总裁、大运营都拉进来，监督推进。

第四节　示范区的色彩和照度管理

很多项目示范区费用预算很大，钱是花出去了，但没看出效果，其中一个常见的败笔就是没有做色彩管理。示范区的效果是把控出来的。色彩管理是一种意识，是一种品位，更是一种能力。一家成熟的房地产开发企业，应该具备这种意识和把控能力。

示范区的色彩管理策略：示范区的色彩管理是建筑三位一体，即色彩搭配和谐的示范区要实现建筑外立面展示色彩、商业街立面展示色彩和售楼处展示色彩这三者的统一和谐，不可以产生色彩冲突。外立面的色彩主要分为基本色、强调色、重点色、点缀色和屋顶色。要紧紧抓住基本色，重点体现重点色，适度体现强调色，严格控制点缀色，协调考虑屋顶色。

灯光的色彩管理策略：灯光颜色、发光字和泛光，要结合示范区的色彩管理从明度、色相和彩度三个维度进行整体把控。

照度管理策略：做好售楼处和样板间的照度管理，照度和展示效果成正比。只有咖啡厅才需要降低照度。通常意义上，所有卖场的照度都和销售额画等号。示范区的室内照度管理划分为通道区、接待区和展示区几个部分，分为一般照明、一般展示和重点展示三个标准。

一般照明区的照度标准：0.85m水平面照度要达到300lx。

一般展示区的照度标准：0.85m水平面照度要达到500lx。

重点展示区的照度标准：0.85m水平面照度要达到700lx，如沙盘上方和样板间客厅、主卧。

整体上说，室外照度管理也要纳入照度管理范围，做到内外一体。顶棚多加射灯，景观草坪和硬质铺装地面有地坪灯，楼栋有发光字，立面有泛光。展示区坚决杜绝仅有造型但照度不够的主灯和吊灯，尤其是沙盘上方。

07

CAO PAN

第七章 货 量

第一节　货量组织原则

在企业内部，我们司空见惯的关于货量组织的大误区有三个，如下所述。

①货量组织并不重要，项目什么时候给到营销供货，营销去卖就是了。

②货量组织等同于抢节点，营销关注节点就行了，至于具体的货量构成和供货逻辑并不重要。

③货量组织计划变更或调整是工程上的事，项目部自己定就可以了，和营销关系不大；或是虽然关系大，但营销也管不了，就别操心了。

那么，什么是正确的货量组织概念？

所谓**货量组织**，就是以市场和项目实际情况为基础，以营销意见为考量，及时组织供货、合理组织供货，通过组织合理的货量和货量结构确保销售业绩和利益最大化。简单说就是有货才能售、早供比晚供好、货对才能卖得更好这三点。

货量组织与项目所有人的利益息息相关，尤其是营销。因为营销是要到点交答卷的，是要用业绩说话的，而货量组织出现问题则意味着营销方案被彻底颠覆、节点失守和销售难度大幅加大。所以，货量组织是营销的生命线，作为营销操盘手，必须做好货量组织工作，协调大家群策群力解决问题。

做货量组织，要遵循如下几大原则：计划原则、市场原则、场地原则、节点原则。

一、计划原则

房地产企业的开发是根据运营计划走的，作为运营计划里最重要的节点，供货节点是严肃的。供货节点的调整，牵一发而动全身。任何对运营计划的调整，都要慎之又慎。

二、市场原则

1.坚持以销定产的原则，做到货不推散，树立热销的口碑。

2.首开以爆品或主力产品带动的产品线尽量齐整为原则。既然定义为爆品或主力产品，就说明这种产品是适销产品，以拳头产品入市，确保项目的销售竞争力。同时，产品线尽量齐整，涵盖不同客群，可以降低项目首开销售风险，达到集中消化客户的目的。如果因为其中某种产品影响获取预售证进度，如果其他产品有很好的筹货比，则应该坚持时间优先原则，果断放弃该产品的推售。

三、场地限制

1.示范区一定要挑选最适合动线组织、园林示范区展示的场地。

2.提前规划，实现施工动线和看房动线的彻底分离。

四、节点原则

1.营销是战争，市场变化快。而天下武功唯快不破，及时推售，永远是营销的黄金法则。坚持以快打快原则，谁也无法猜测明天的市场会发生什么。市场从来不会变得更好，绝对不要为了虚无缥缈的未来而放弃更为靠谱的今天。落袋为安，把胜利果实锁定在今天，客户等不起，企业更等不起。

2.2018年后，房地产企业普遍感受到融资成本的飙升和融资条件的苛刻。一个十几万平方米体量的房地产项目，每天的资金成本随随便便就是几十万元。项目每耽误一天就等于一辆高档汽车打了水漂，而每提前一个月供货就等于为企业贡献了上千万元的净利润。

3.营销是有节奏的，保住供货节点，就是保护了客户转化，就是保住了营销费用。营销费用的铺排，营销推广的启动，都是以供货节点为目标倒推开展的。

一旦节点失守，意味着一切推广动作失效，意味着各种费用费效比大大降低。所以，要坚持节点原则，去卡节点。

节点，是房地产开发企业的红线，而任何一个里程碑节点都是由二级节点等小节点的不失守而得到保障的。节点，只能提前，不能延后。

第二节　货量组织具体实施

一、货量组织有哪些范围

货量组织范围包括示范区展示管理和货量区管理。

1.示范区展示管理：销售中心、商业街展示、样板区、园林景观。

2.货量区管理：货量区规划，首批开发货量、后续发货量。

二、货量组织需与哪些部门对接沟通

需要与多部门保持良好的沟通协调，涉及对接部门包括项目和区域内部、集团内部以及外部单位。

1.区域内部：项目部（核心是项目总经理）、设计部、区域运营和采购部。

2.集团内部：营销中心、集团运营、设计研发中心。

3.外部单位：规划设计院、建筑设计院、装修公司、景观施工单位、装修单位和软装配饰公司、包装公司等。

三、货量组织策略

货量组织的目标：货量必须是适销对路，有市场，以销定产，低库存，及时供应，不滞后。货量组织策略分为存货去化、旧盘新供和全新开盘三方面。

（一）存货去化

存货去化指从产品类型、账龄年限、现房期房等多维度铺排，找出突破点，实现业绩定点爆破。

解决点：体验品质，项目保险，配套熟化，交付品质把控，针对业主反馈的装标修正。

（二）旧盘新供

旧盘新供指从历史销售情况、现有货量构成、推售计划等系统铺排，实现提前预警，供需平衡。

（三）全新开盘

全新开盘指从项目定位、派筹情况、客户落位和市场占有率等前置并优化开盘货量铺排，促进开盘业绩做到最大化。

解决点：规范拿证标准，以销定产，以筹定推，做到新货不积存。

四、分阶段货量组织实施策略

一个完整的全周期货量组织计划分为摘牌阶段、确定销售计划阶段、示范区开放前阶段、开盘前阶段、开盘后阶段、常销阶段。

（一）摘牌阶段（规划阶段）

1.市场导向，地块调研。

2.开发节奏预期。

3.定产品区和分区规划。

4.首期开发规模。

5.首批产品结构。

6.参观动线和施工动线设计。

（二）确定销售计划阶段

1.年度目标设定

①保证节点，货量前置（区域整体平衡原则、责任制）。

②总货供销覆盖系数（1.3～1.5倍滚动性供货）。

③区域年度整体新货去化率不低于80%。

④开发新货去化要求：开盘当天去化7成，一个月内消化9成。

2.月度计划制订

①销售引导项目开发节奏：以销定产。

②节奏预估，配合销售策略（费用、筹客）。

③分月铺排支撑业绩规划（预算、考核）。

（三）示范区开放前阶段

1.先示范区

①图纸计划：出图是套图时间的5倍以上。

②家具排产：从出图到排产30～45天。

③施工备料：材料供应计划和供应时间、设计尺寸和场地条件配合，杜绝尺寸过大或不合理。

④质量观感：示范区质量评估达90分方可开放。

2.后货量区

施工图纸、施工周期、预售条件（按照提前预售或提早预售方向去安排，同时做到以销定产）。

（四）开盘前阶段

1.市场和竞品评估

①市场销售趋势和库存变化情况分析。

②竞品大的推售动作跟进、货量调整以及价格变动情况测评。

2.项目自身评估

①蓄客数据和落位数据分析。

②开盘进度风险评估：提前供货还是延后供货。

③开盘时间节点评估：根据示范区开放、供货进度、预售许可情况等评估开盘时间。

3.产品构成评估

产品构成优化和推售货量评估：根据市场需求优化产品结构，加推，还是分批供货、缓建，视具体情况而定。评估确定推售货量，是否可以覆盖市场需求，消化意向客群并保持高转化率。

（五）开盘后阶段

（1）整体节奏评估：根据首期开盘去化情况，对整体供货节奏进行评估和优化。评估整体产品竞争力是否需要放缓和改变推盘节奏，做推盘节奏的评估。

缓推：一切以市场为导向，敬畏市场。如果发现项目销售前景有问题，不调整整体供货节奏可能造成大规模库存积压风险，则要评估整盘去化周期比计划延长多少，会多产生多少成本，这种产品是可以通过销售引导解决还是应该延缓或改变整体供货节奏。

补货：不要怕麻烦而掩饰问题，更不可主观去解决问题。当然，如果首推时市场反馈特别好，超出项目预期，则应评估是否加快后期供货节奏，尤其是加快首推中热销产品的供货节奏。

（2）整体货量组织优化：根据开盘时整体产品和分产品去化情况等市场反馈，评估整体产品竞争力和分产品竞争力；经过市场检验发现的产品问题，评估是否需要做整体规划方案的调整。如果发现市场对某种产品有强烈的抗性，评估是否需要做产品优化,如何进行产品优化,如何调整项目规划。

要评估改规划所产生的时间成本,对比如果不改规划导致滞销所发生的额外资金成本,选择成本最小方案,做客观的数据对比,一切要算数。如果涉及改规划,就需要重新做全盘货量组织方案。

对比不同方案之间的整盘利润和成本变化情况,重点评估时间成本造成的资金成本浮动,选择最为合理的方案进行优化。另外,对分期推售产品线安排,以及产品搭配组成是否需要做局部调整,做出评估并给出合理意见。

(3)加推评估和加推货量组织:根据去化情况和手中未消化意向客群情况,结合当地市场销售环境变化评估市场小趋势,做客户反馈与需求评估,积极组织加推计划,确定加推方案和加推具体货量。

(六)常销阶段:常态化评估优化

在项目的整个常销期内,形成做货量组织评估的常态化动作。评估供货和推售进度、产品结构和户型优化方案,综合考虑时间成本和利润平衡。

08

CAO PAN

第八章　策　略

第一节　营销策略的确定

房地产行业的营销策略水平根据整个行业的发展阶段，先后历经四个阶段：以生产导向定营销的时期，以市场导向定营销的时期，以经营导向定营销的时期，以战略导向定营销的时期。

由于房地产开发的强行业周期属性、强政策干预的政策性影响、地方市场的差异化影响，再加上每家房地产企业的综合体系和开发战略差别，房地产项目的营销策略确定要建立在三大基础之上：三大背景、三个依附、三个条件。

一、三大背景

（一）行业周期背景

房地产行业因为受政府调控政策、金融政策和市场购买力衰减因素的影响，存在着明显的行业周期特性。因此，项目营销策略的确定要根据项目处于行业周期的哪个阶段做具体铺排。时间优先，规模取胜，现金为王。要根据行业周期做策略决断和利益取舍，要关注财务成本，会算账，会计算时间成本，有经营底线思维。要跑赢这个时代，须赢在时间战场。

（二）市场背景

房地产属于不动产，是大宗消费品，不同于快速消费品，具有强烈的地域市场属性。不同的市场环境对房地产营销策略的确定有本质影响，要因地制宜。比如，原则上讲，强三线以下城市基本上只有居住属性，而没有投资等金融属性。再如，某套楼房的升值一般建立在市场整体上行的基础之上。

（三）企业战略背景

营销策略从来不是孤立存在，也不是营销条线的自说自话，而是一定要依附和服务于企业在当时大的战略取向，根据企业当时的战略需求确定项目的营销策略。

二、三个依附

（一）经营策略

项目的营销策略要依附和结合企业经营策略确定。比如，如果企业整体净利润要不低于10%，其中盈利型项目占比要超过70%，且每个项目都要强制跟投。那么，这种经营策略就对项目营销策略产生了本质性的影响，项目的推盘策略和开盘打法就要紧密围绕着实现跟投去控制自由资金的峰值投入，去确保在既定节点实现自由资金回正。再如，如果区域分公司可自行平衡区域内所有项目的利润，这就给项目的策略发挥提供了比较大的实现空间。项目要树立运营思维，先经营再销售，以经营定销售。

（二）产品策略

项目的产品策略基本决定了经营方向，决定了营销策略大的方向。爆品策略是产品策略的一种，但并非唯一一种，要根据每家企业的基因不同而使用。根据产品策略，每个项目又有不同的营销策略定调。流量型产品和改善型产品的定位对于销售策略的要求是不一样的，流量型产品强调性价比、购买门槛，而改善型产品强调品质力、展示力和推广力。

（三）定位策略

不同的定位策略决定项目的策略走势，因此要整体统筹，分区施策。成熟区域做深耕，贡献利润，尝试不同业态。发展中区域做规模，做覆盖，注重回款，是现金牛。新拓展区域首开项目做品质，树立形象标杆，可薄利多销。

营销就是定位和定位修正的过程。在企业大的战略背景下，做四位一体的工作。把产品定位、客群定位、市场定位和推广定位通盘考虑，互为一体。产品以市场为准绳，围绕意向客群开展有针对性的推广工作，精确制导，实现理想的销售效果。

三、三个条件

（一）项目条件

首先从项目在全周期里处于哪个阶段（新盘、旧盘去库存、大盘加推）来确定策略。

（1）新盘立标杆。新盘新入市，考虑的是如何消除首开风险，确保首开销售去化率，并实现市场高占位。

手段：①品牌先行，产品制胜。先有品牌力（做好品牌落地、讲好品牌故事，公益性，结合文化营销），再有产品力，最后是价值树和销售力。②价值对比、传播针对、渠道对应、体验差异。高举高打，毕其功于一役。

（2）旧盘去库存：旧盘持续开发，市场形象已经固化，要考虑如何在现有条件下业绩创新高，保持并再次提升市场地位。

手段：做好工程品质管控和交楼工作；保持品牌活力，做好示范区保鲜工作；深度挖掘业主资源，做好业主维护和业主资源撬动；辅以配套引进，如公交线路和生鲜超市等。

（3）大盘加推：旧盘新推注重品牌更新，重塑品牌活性。

①流量型项目（刚需和首改型产品）：强拓客，自建渠道；一二线城市和周边强整合，做渠道资源整合；自建和代理公司并用。

②溢价型项目：a.强展示，品质展示；b.强圈层，圈层营销和高端资源嫁接；c.做体验馆；d.装标提升（如地暖）。

（二）市场条件

市场上行时：做利润，化优势为胜势；市场波动时保份额，去库存缓拿地。

市场下行时：保去化，结硬寨打呆仗。"硬寨"就是守好阵地，进可攻、退可守，立于不败之地；"打呆仗"就是不进攻，只防守，把敌方围困至弹尽粮绝。

在没有找到可以快速解决问题的办法之前，不要寄希望于通过毕其功于一役马上解决问题。先下笨功夫，注重积累，日拱一卒，每天进步一点点，用量变求质变，以时间换空间。一招制敌当然好，但打不出歼灭战之前，先用持久战拖垮对手。

（三）竞争条件

市场上竞品使用了什么针对性打击手段，包括推盘策略、产品压制和优惠促销、造谣放风等手段，这些都构成了营销策略无法回避必须解决的竞争条件。必须掌握竞品动向，确定针对性的营销策略。

第二节　营销策略动力包

营销策略动力包包括：三端三思维、五力一体、"三把刀"。

一、全营销周期的三端三思维

后端——精准定位和靶向思维：精准定位、高效管理和精准营销。

中端——IP化思维和平台思维：展开爆品战略，打造强势IP。利用项目示范区场地功能和服务，借船出海，导入跨界高端资源，开展商家联盟，互换资源，打造项目平台，把项目打造成文化艺术平台、节日类活动平台、跨界社交平台。

前端——线下渠道思维结合线上流量思维。推广爆破思维。

前端营销，线下的重点是工作重心的下沉和渠道的布局与深耕，得渠道者得天下。例如，房地产行业领头羊碧桂园和很多房地产企业在营销上的区别就是：

别的开发商把地缘型客户和自然到访的意向客户收进来，碧桂园把没有意向的收进来。不傲慢是碧桂园营销的特质，渠道为王是碧桂园营销的核心竞争力。

线上的重点是通过社会化营销，整合自媒体和微博等宣传手段，善于撬动媒体，实现网上和线上流量的暴增。

推广爆破思维，就是精心选择推广主题和新闻点，控制推广节奏，集中时段推广，压缩推广渠道，集中火力在少数资源，形成特定时间段、特定时间点的新闻定向爆破。不搞大而全，而是搞专而精，实现一个点上的爆破与聚焦，从而一举引爆市场。

二、五力一体

1.品牌力：品牌是战略高地，是战役前的桥头堡。讲好品牌故事，做好品牌落地，树立大品牌形象，注意结合公益性和公信力打造。结合文化营销，做一些公益活动（如捐建农村图书馆等都是不错的活动形式）。

2.产品力：爆品战略和产品附加值策略。

3.形象力：产品展示、示范区展示、物业服务展示。

4.推广力：价值树、市场定位和推广定位、推广聚焦和爆破。

5.销售力：客户拓展、圈层组织、客户转化、客户维护、竞品打击。

三、"三把刀"

1.第一把刀：产品和价值链磨刀——爆品战略。

2.第二把刀：活动和微推动刀——流量战略。

3.第三把刀：拓客和圈层开刀——渠道战略。

第三节　打响认知和心智之战

营销的本质不是产品之争，而是客户之争，或者说是基于产品之上的认知之争、心智之争、品牌之争。产品PK的是客观问题，但认知、心智和品牌PK的是主观问题。营销的主战场就是客户的心智，策略就是要解决认知问题，在主战场第一站（也就是客户的大脑里）打赢认知的战役。

首先，要树立共识：没有卖不出去的房子，只有卖不出去房子的业务员。人们通常在认知上有很多误区，人们只愿意相信自己愿意相信的。

沉锚效应下，胜负在于客户的心智。在销售和推广之前，先打响认知和心智之战的第一步，占领客户的心智。

你的产品和服务能带给客户的价值，第一是要为用户创造价值，第二是要解决用户痛点。客户需要的不是产品或服务本身，而是这个产品或服务背后所带来的价值，或是客户理解的价值。这场心智之战一定是从用户视角出发，真正挖掘和找到目标用户的痛点需求。只有客户认为你有价值，你才有价值。要给客户一个购买和认同你价值的理由，而且，价值点越精准越好。

一、分城市认知之战：文化感、价值感、尊荣感

1.一线城市贩卖文化感：文化和品位。

2.二线城市贩卖价值感：投资属性、规划价值和配套价值。规划价值：政府规划、城市发展方向。配套价值：配套和学区。老城区贩卖成熟度和情怀，新城区贩卖未来、趋势。另外，一二线城市的房子永远可以和投资和金融属性扯上关系。强三线以下城市本质上讲只有居住属性，没有投资属性。

3.三线城市贩卖尊荣感：贩卖尊荣感，包括地位、圈层。

二、分项目认知之战：综合优势、单点优势和品牌比较优势

（一）大盘贩卖综合优势

大盘凭借规模体量优势和配套优势，自带大盘王者气质，以综合优势取胜。要高举高打，形象不可做小。重剑无锋，大盘的推广不宜过于取巧和花哨，也不应该采用过于浮夸的推广手法，包括不切合实际的噱头。大盘就应该做新闻式推广，以新闻播报的方式阐述项目动态，比如被列入城市十大重点项目，比如组织国际级设计大师进行设计竞标，比如荣获安全文明工地和比较权威的工程奖项……全程用新闻点向市场传达信息。

（二）小盘贩卖比较优势

小盘虽然在体量上不占有优势，但可以找到某一两个强势卖点，作为项目发力点，比如户型优势、装标优势等。

小盘的体量有限，营销推广费用总额已经锁定，要采取暴力推广。所谓暴力推广，就是要控制和缩短推广周期，集中资源在特点的节点上，配合爆点活动一举引爆市场。

（三）品牌贩卖比较优势

品牌是否够强，取决于在板块市场中的比较优势。比如，全国十强房企和百强房企比就有了比较优势。再如，百强企业和非百强企业，就有了比较优势。先看是怎样的竞争态势，再做大的策略选择。市场是充分竞争市场，还是一枝独秀，还是区域深耕、多盘联动。要先找到比较优势，重心越下沉的企业，在地方市场的比较优势越大。

三、分产品认知之战

小户型项目贩卖稳定感，普通项目贩卖焦虑，改善型项目贩卖身份标签和自我认同。

1.小户型项目贩卖稳定感：小户型项目就是通过贩卖稳定感来进行销售的。比如，房租再低是消费，月供再高是资产；买了房，涨了是赢家，不涨还是你家；不买房，涨了你是输家，不涨还是没家。这些都是对于稳定感的兜售。

2.普通项目贩卖焦虑：上车盘，抵消货币贬值，跑赢通胀。对于房地产行业来讲，常见的贩卖焦虑方式包括：土地稀缺与房价上行、财富缩水、货币贬值等。

第四节　价值树和价值主张

对于快消品行业，USP是价值区隔的有效方法论。对于牵扯面太多的房地产行业，价值树则是项目进行价值主张和开展比较优势的基础。

那么，什么是价值树？

所谓价值树，就是对项目价值和卖点进行归类，梳理出几个不同维度，然后根据几个价值维度进行市场定位和推广定位的提炼。价值树是价值主张的基础，先有价值树，再有价值主张。价值树是帮助营销操盘手调动企业所有资源、进行价值布局的利器。

在新的时代，房地产价行业价值树的主要特点是要从项目思维过渡到客户思维的转变。以前的价值树都是开发思维，价值树一般会包含地段价值、项目价值（规划、户型和景观）、配套价值（内部配套和外部配套）。今后的价值树应该是客户思维，关注客户痛点，除了硬件本身的物理价值，更要为全年龄段客群提供全周期服务的价值，全方位挖掘和串联，形成有根基、有主线、有分叉、有延展的项目全价值体系，涵盖从项目开发设计前端和业主入住后端的增值服务。

1.**项目前端**：是智能化价值和绿色价值，通过对绿色环保建材、节能技术的运用和对智能化家居的规划定位，从项目定位之初就为客户提供产品价值、绿色环保价值以及智慧生活价值。

2.**项目中端**：是房屋交付时为业主提供的生活配套和共享资源，比如业主食堂、生鲜超市等。通过自建配套和互联网平台资源搭建，实现城市空间平权，解决客户生活痛点，提升业主幸福感指数；同时，完善全年龄段儿童活动区和老年活动区、宠物场地等配套设施。

3.**项目后端**：是业主在入住以后，日常的社区生活常态化的增值服务，主要是社群平台搭建服务和医疗体检等增值服务体系的搭建，尤其是通过物业公司组织的社群平台搭建。

价值树是需要特定土壤的，一个公司、一家集团的资源整合能力和配套打造能力有多强，意味着它所打造的项目的价值树有多繁茂。这家公司的根扎得有多深，就意味着客户可以看到的价值树的树冠有多大。

什么是价值主张？

在房地产营销策略里，所谓价值主张，就是基于价值树基础之上的价值传递和概念提炼。好的价值主张会锚定竞品、传递亮点、塑造价值、实现价值认同。价值主张的体系传导一般要经过如下所述的5个层级。

1.**战略层**：企业的战略是什么？比如，通过装标的前瞻和领先性满足市场上对于绿色科技住宅的追求。再如，通过高端会所配套等为市场上的金字塔塔尖阶层打造一个高端圈层的社交生活场。

2.**定位层**：企业的定位是什么？比如，客群定位于小众群体，产品定位为高端、绿色安全、智能人性化的科技住宅。

3.**感受层**：为了实施如上策略，消费者会产生什么感受？比如，奢适和阶层认同。再如，项目可以给客户一个高端的身份标签。

4.**内容层**：为了让消费者产生这样的感受，需要创造什么内容？比如，强调

"少数人的选择"。

5.表达层：以上内容如何用合适的文案表达出来？

第五节　推广组织

在营销的世界里，没有事实，只有顾客认识。认知=事实。在商标局注册的叫"商标"，在顾客心中注册的叫"品牌"。

推广的五个步骤：梳理价值、提炼价值、转化价值、传递价值、创造价值。

所有成功的营销都是理性的思考、感性的表达，以及价值的提炼、创造与传递。

营销成交链的核心思考，其实是解决四大问题。

第一是如何获取客户。

第二是如何引导客户。

第三是如何影响客户。

第四是如何坚定和改变客户的决策。从认识，到认知，再到认同，完成一个客户成交的价值连环扣。

那么，推广组织是怎么开展的呢？答案是：**三大联动炒地段、四条主线炒品牌。**

一、三大联动炒地段

三大联动：联动媒体、联动客户、联动商家联盟。媒体联动舆论卡位，增值服务体系联动客群落位，商家联盟推动价值补位。

（一）联动媒体：媒体联动舆论卡位

整合媒体资源，深度策划互动，撬动舆论与口碑，扩大影响。然后，再通过媒体邀约行业内知名人士（总裁、总经理等），共同为项目造势。

技术动作：媒体采风，媒体座谈会、总部考察、集团领导专访等。

媒体内容策划：板块价值专题策划，深度解读、全网覆盖、连续轰炸。企业开发优势和地缘的结合。板块故事（挖掘历史、对标国际/城市标杆、引出对本项目的期许）和政府规划展望。

媒体渠道策划。挖掘当地最有影响的媒体、当地自媒体大V、业界领袖和知名人士等。高端客户购房信息获取主要渠道之一为身边的房地产媒体或业内朋友，让媒体人或业内人士为区位、项目和品牌背书。

（二）联动客户：增值服务体系联动客群落位

通过价值树的全盘全周期策划，建立对客户的增值服务体系。

挖掘老业主资源推介，找到在当地有生活圈的一些业主中的意见领袖，发展成为项目的第一批种子客户。

技术动作：公司老业主数据库里的当地籍贯客户系统内筛查、跟进。

（三）联动商家联盟：商家联盟推动价值补位

整合同一板块房地产品牌、跨界品牌（奢侈品、高档家居品牌和主题乐园等）联合炒作，资源共享，品牌互利，板块共赢。

技术动作：区域品牌联盟发布会、城区发展论坛、区域品牌联合巡展、品牌资源整合传播。

二、四条主线炒品牌

四条主线是形象线、新闻线、体验线、活动线。基于四大主线多维度立体推广，有节奏、有层次地推进品牌落地，提升溢价。

（一）形象线

推广定位的正面传达，强势输出。户外高炮广告站位，核心商圈广告卡位、销售道具配合补位，强势占领客户心智。

（二）新闻线

制造话题点，以新闻式推广树立第三方公信力形象。报纸广播、网络软文专题持续深度解读，持续提升项目新闻热度和市场关注度。

（三）体验线

通过城市展厅、品牌盒子、示范区开放等手段，在项目形象进度成熟时提升客户体验感，升级品牌认知。比如，对于一个主打城市感和品位的项目，连项目周边的豪华酒店都是项目的卖点，都可以做成生活体验手册的。再如，对于一些定位于使馆区和机场附近别墅区的高端客户和国际客户，国际医院可能比三甲公立医院更具有吸引力。

（四）活动线

缩短推广周期，通过一场大型起势活动拔高项目调性，提升市场关注。具体可通过明星活动做爆破，产品发布会活动做风格，事件营销惹关注，做到外场活动做牵引、以外打内，内场活动做导客、内外兼修。结合圈层活动多频次、多圈层、多主题持续开展，配合案场持续性主题体验活动导客、锁客。在费用集约的前提下大小活动配合，既提升项目人气，又能起到很好的品牌宣传作用。

三、示范区开放后现场活动建议

（一）少儿活动

开展少儿活动，如少儿模特大赛、音乐比赛等。

项目可根据现场泳池、销售中心等情况，举办少儿模特大赛。为提高影响力，可以做成持续性活动，设置报名、初赛、复赛、总决赛。该活动能否成功举办，一方面需要借助媒体推广炒作，释放项目促销信息；另一方面，更需要与学校、培训类机构合作，导入客户，实现影响界面最大化。

对于音乐比赛，区域内各项目可联合起来一起做，资源整合，同时借助外部平台。设置报名（在各项目）、初赛、复赛、总决赛，提高声势和影响力，该活动需联合业主、意向客户，更需开拓琴行、学校、音乐培训机构等，导入新的客户资源。再借助媒体力量进行活动宣传，释放促销信息。

（二）兴奋剂话题事件营销

通过趣味性的物料导入项目促销信息，联合街头巡展、派发等动作，吸引眼球，传播话题，拓展客户。

（三）迪士尼嘉年华

各项目可根据现场实际情况，搭建迪士尼主题乐园，邀请客户到访。为吸引人气，同时需配以线上炒作和渠道门票派送，提高人气。

（四）缤纷夏令营（冬令营），结合节日

各项目可根据现场实际情况，结合示范区、售楼处、会所等设置夏令营（冬令营）主题点，通过联合当地暑期（寒假）培训机构、学校等设置各类励志类、科普类、益智类小孩暑期（寒假）夏令营（冬令营）课堂，提高参与度，同时实现客户导入。

（五）业主活动

开展业主活动，如运动会、生日晚宴。业主活动可做成老带新、业主圈层类活动，各项目可根据现场实际情况和硬件设施开展，设置如室内乒乓球赛、羽毛球赛、桌球赛等赛事，将业主的亲朋一起邀约至现场，释放促销信息。

（六）资源嫁接活动

资源嫁接活动需各项目根据本案实际情况、当地机构、企业等的资源设置，联合当地的跨界品牌实现资源嫁接的现场活动。

第六节　返乡客截留和乡镇拓客

营销永远是歼灭战和遭遇战，持久战和运动战从来不是主动的战略选择。

所谓歼灭战，意味着营销要整合项目所有资源，调动和集中优势兵力建立对敌优势，在短时间建立市场比较优势，短平快地完成销售任务，解决战斗。

一、返乡客截留

（一）返乡客群界定

根据当地有无成熟产业输出模式，返乡客整体上分为两种类型：第一种，劳力对外输出型；第二种，技术、产业、资本输出型。劳力输出型客群对应刚需和刚改客群。技术、产业、资本输出型对应改善客群。

（二）返乡客户优劣势分析

优势：客户质量高，购房意向明确，溢价支付能力强，属于非价格敏感型客户，付款比例高，决策周期短，转化难度小。

缺点：返乡客群和项目的接触点少，商机转瞬即逝。

（三）钓鱼式打法

返乡客截留应该采取钓鱼式打法。

所谓**钓鱼式打法**，就是借鉴钓鱼的手法，通过打窝、调漂和收杆等系列动作，布局打窝，先分鱼再钓鱼。开始时只诱不钓，向窝子里赶，目的在于以鱼诱鱼，形成羊群效应；时间成熟时，再果断钓，最终达到一网打尽的效果。

钓鱼式打法三步骤：打窝、分鱼、收杆。

1.打窝

首先要结合"当地水性"，考虑返乡客群习性，挖掘和找到返乡客群质量最高、客户最集中的板块，并找到客群中的意见领袖，考虑"窝子"打在哪里；然后是选择"诱饵"的味型和用料；最后是打法。

对于意见领袖，要有人员上门拜访，面对面沟通，形成意见同盟，组织圈层活动必要时可以发展成为编外经纪人，结合全员营销政策，但最重要的是形成感情上的联络和达成意见共识，让意见领袖认可项目。针对返乡客最重要的是两点，准备工作充分，并在一个时间点打爆。

2.分鱼

①动线截击：截留返乡客一般有三种动线，交通动线、购买年货动线、聚餐动线。

交通动线：提前预订春节期间高铁站、长途汽车站等主要交通枢纽的广告位，并结合设立接待展位。在高速公路收费站植入广告，在高速路出口设置交通指引点、服务站。

购买年货动线：在当地的大型商场、超市设置三级临时展点，结合超市服务台换购等行为实现导客。对当地所有商场、超市和便利店植入返乡广告，手段为送红包、春联等。

聚餐动线：针对返乡客群回乡组织系列聚餐的需求，在当地的一些大型酒家植入广告，也可结合送汤、送果盘、送酒水等方式达到和潜在客群完成接触和导客的目的。

②团队组织：组织"小蜜蜂"等外围力量去做基础拓客工作。发动销售顾问走出去，把团队每个人的社会关系全部发动起来，再把每个销售顾问手中的业主资源也全部利用和发动起来。在年底以前提前主动拜访老业主，挖掘业主身边的返乡资源。

③包装和活动升级：针对返乡客群对案场进行针对性包装，布置出浓郁的返乡置业氛围。配合案场销售政策，结合年末春节氛围包装；同时，案场活动做专项的铺排。报销返乡车票、举办超市大赢家活动和半价拍卖年货等活动都是有效

的导客手段。

3.收杆

做好政策准备，把案场优惠包装成针对返乡客的置业优惠大礼包（但本质上是换汤不换药），方式最好是直减式优惠，用金额比用折扣表示更有力度，给人感觉冲击力强。比如，"返乡置业优惠××××元专属优惠""快速签约直减优惠××××元"等。

通过限时特惠，把之前收集的返乡客群一网打尽。

二、乡镇拓客

（一）乡镇客群置业需求

乡镇客群的置业需求一般以婚房和子女教育用房为主。

（二）乡镇客群特点分析

优点：购买经验少、好引导、易把控、对项目和销售顾问忠诚度高。

缺点：支付能力普遍偏低。另外，乡镇客群决策周期长且客源过于分散。还有，乡镇客群的作息时间与开发商销售顾问的工作时间存在一定错位，拓客效率低下。

（三）蜜糖式拓客

蜜糖式拓客就是根据乡镇客户地域过度分散的现实问题，利用人们喜欢小恩小惠的特点，制造一个接地气的人气活动，提前做好宣传铺垫。就像把蜂蜜罐摔到地上，吸引蚂蚁自动爬过来。

比如，冬季乡镇拓客选用"送年猪"方式。所谓"送年猪"，就是图个好彩头来送猪肉。提前去重点乡镇的镇中心组织活动巡游，组织扎条幅、大喇叭高音轰炸和贴海报等暴力式宣传行为，达到广而告之的效果，释放具体活动日期，引起乡镇客群口口相传。然后，在活动当天等待客群自动过来，拓客效率事半功倍。

另外，乡镇客群对乡长和镇长等意见领袖的跟风效应明显，在拓客时应先去做网格化的乡镇意见领袖筛查和走访活动，即一个乡镇一个乡镇地拜访意见领袖，一个村一个村地筛选村主任和企业家等。圈层活动的组织方式可考虑私宴。

再有，在周边乡镇重点把握各出入口，利用条幅、墙体广告覆盖乡镇各大主入口、主要街道等，在人流高峰点设置展点，全面释放阶段性项目信息。在返乡、赶集等时间节点集中派单，全面植入镇区核心商铺，发展线下经纪人，全面收集意向客户。利用乡镇巡演组织看房团，直接收客。

第七节　销售说辞

完整的销售说辞应该是一个说辞包，包含沙盘讲解稿、样板间讲解稿、看房动线讲解稿、竞品打击说辞、客户敏感性问题答疑（如地质风险问题、填海技术问题和土壤环保问题等客户关心的重点敏感性问题）和答客问等。

销售说辞不仅仅是一份说辞，其实是包含对分区动线等的策略设计，是一份接待标准。以沙盘讲解稿为例，要按照分区、动线、限时、深入这四大原则组织。

1.分区原则：分为迎宾区、品牌讲解区、区域讲解区、沙盘讲解区、体验馆讲解区这五大部分。五大区域的关系是层层递进，反复灌输、价值深入和成交铺垫。

2.动线原则：动线设置要遵循线路固定、单循环、分产品设置和不回头这四大原则。在参观动线上集中设置亮点，确保把费用花到刀刃上。

3.限时原则：严格控制每个客户的接待时间，保证销售顾问的人工效能。比如，单客的接待时间应该控制在60分钟左右，其中品牌讲解区3分钟，沙盘讲解区5分钟，体验馆10分钟，每个样板间5～8分钟。

4.三前三后的深入原则：客户接待必须遵照先品牌再项目、先系统再具体、先摸底再推介这三前三后的深入原则来开展。品牌、区域和沙盘这三大板块必须系统讲解，然后和客户互动一下，在了解了客户的居住和购买需求后，开始进行针对性的推介和引导，并进行客户答疑。其中，沙盘讲解稿是技术含量最高，也是最为核心的部分。讲解稿要高度凝练、逻辑清晰，用语体现项目的多个第一和多个唯一，建立项目品质优势和差异卖点。

沙盘讲解稿内容可具体分解为项目区域、交通组织关系、项目规划和当期推售产品、园林景观和社区配套等五大方面。

1.项目区域：先界定隶属于城市的哪个坐标点、和城市核心点之间的关系，再阐述发展方向、潜力板块、板块利好、项目临近的大型公共建筑设施或城市地标等。

2.交通组织关系：几横几纵，去机场和车站、去市中心、去核心商圈的动线及用时。

3.项目规划和当期推售产品：项目规划理念（比如"龙抬头"，"靠山牛"）、设计单位亮点（必须是知名设计单位或知名设计师才有必要提及）、四至、体量优势、容积率和绿化率、天际线、社区开口和交通组织、分区、分组团、分产品、当期推售货源和产品简要卖点。

4.园林景观：绿化率（狭义绿化率和广义绿化率，比如把代征绿地算上，比如把项目旁边公园或大型绿地的绿化面积一起算入绿化面积）、景观轴、园林风格、核心理念。注意：用语要力求简洁。

5.社区配套：先说城市公共配套，再说项目自身配套。城市配套先说商业，再说教育和医疗配套，如果和竞品重叠就尽量精简。尽量采用提炼和汇总数据，如周边三公里范围内有3所市级重点小学、5家大型超市、6家商业银行、4家三甲医院等。但是，如果某项配套的确有强大号召力，也可单独提及。另外，如果有学区房概念，则重点阐述。

沙盘讲解稿只是做整体概念和价值引导，样板间讲解稿才是达成成交的最重要的部分。样板间讲解稿讲解之前，要先掌握客户需求，如果是溢价能力弱、居住人口多的客户，可多强调实际得房面积、赠送空间和赠送比例、空间紧凑无浪费；溢价能力强的客户则多讲通风对流、分区动线、私密性、空间尺度、开间和横厅等。

第八节 品牌管理

在房地产项目的品牌管理中，存在着很多误区。

品牌管理误区一：好孩子是说出来的。可以把人才说成天才，好孩子说成好好孩子，但很难把一个熊孩子说成好孩子。所以，还是先做一个好孩子，这是品牌管理的基础，尤其是做好质量品控，这是品牌建设的必要保障。

品牌管理误区二：集团品牌只是集团层面该做的事。其实，营销的每一个层级都可以为品牌做加法，当然也可以做减法。营销就是集团公司的窗口。项目品牌是项目可以打造的，但各项目要联动集团做好品牌维护的指引。

品牌管理误区三：品牌管理是阶段性工作，是随机动作，不是经营的结果。其实，品牌管理是常效工作，而且管理动作固化，可以按照品牌管理台历的方式管理（品牌管理台历又分为年度台历和月度台历，以及节点台历）。

一、品牌管理年度台历操作方法

定主题：季度大主题、月度固定主题、节点冲刺主题（半年和年度）。

没主题就创造主题：公益主题、文化主题、跨界主题、媒体联谊主题和破局主题。

1月：开门红。

2月：返乡置业，春节不打烊。

3.15：组织业主种树。

4月：清零行动。

5月：母亲节。

端午节：包粽子大赛。

6.1：儿童剧场，业主子女才艺选拔。

6.30：半年大冲关。

8月：七夕节。

重阳节：老年人登山比赛、百家宴。

中秋节：超级月亮。

10月：黄金月大冲关。

11月：抢收行动。

12月：圣诞节快闪，全城送苹果。

二、房地产品牌建设趋势：公益性、文化牌、代言人

（一）公益性

公益性是房地产品牌建设的趋势，大企业有大企业的做法，大企业这两年做精准扶贫的多，碧桂园在广东英德精准扶贫，恒大在贵州毕节精准扶贫，万达在贵州丹寨精准扶贫，这些大手笔投入都值得点赞，体现了龙头企业的企业公民责任。小企业有小企业的玩法，捐建农村图书馆、慰问留守儿童也都是不错的做法。

（二）文化牌

打文化牌是很适合房地产企业做品牌推广的一种方式，尤其适合区域深耕的房地产企业。通过挖掘各地文化特色，保护当地文化遗产，实现集团品牌区域落地深耕，并与当地文化实现有机结合，为品牌加分。

（三）代言人

对于上规模的房地产企业而言，做品牌建设需要企业高管站台。房地产企业高管有的常常参加行业论坛，为企业代言，增加企业的曝光度。有的高管去跑马拉松，这种健康、运动和朝气蓬勃的形象就和企业形象之间产生了关联。

三、发展型企业普遍存在的品牌建设问题和解决方案

（一）品牌建设面对的问题

1.舆情公关较被动。

2.品牌建设主体不统一。

3.品牌发声不联动、不持续。

4.品牌输出不规范。

（二）解决方案

1.标准化解决新推项目品牌导入问题：营销标准化其中一个重要部分是品牌动作标准化。

2.防火墙解决品牌舆情问题：平时和主流媒体以及行业媒体、自媒体、微博大V建立良性的沟通关系，搭建品牌舆情的防火墙。这样一来，在面对突如其来的舆情挑战时，还有一道缓冲壕。

3.集团统一联动解决品牌张力问题。

4.通过集团品牌联动的长效机制和项目组织的媒体活动、公关活动、公益活动和营销活动等积累品牌素材，解决品牌空心化问题。

09

CAO PAN

第九章 拓 客

第一节 客户梳理和转化

一、客户组成

市场=存量（现有区域成交）+增量（未来潜在客户）。存量决定现有定价水平，增量决定可能的溢价能力。

客户=核心客户60%+重点客户30%+补充客户10%。重点客户和补充客户的比例上升越快，越代表营销突围和拓客能力越强。

客户，按照市场层级分为一二线市场客群和三四线市场客群。

（一）一二线城市客户特点

突破当地客户存量，拓展外地客户池。

城市更新创造需求，有固定的地缘型客群。外地客户涌入带来持续客户池，客户容量足够大。

当地客群：有一定的板块情结，对新区域新板块的心理抗性较大。

新当地人：溢价能力强，对地段和交通物理距离的敏感性差。

营销要做的是唤醒当地客户需求、激发外地客户热情、做好跨区域客户导入。

（二）三四线城市客户特点

人口净流入和有成熟产业支撑的强三线城市依然是市场热点。虽然自2018年下半年开始，三线城市市场开始回调，但也不要轻易判断三线城市没机会，那只是因为很多房地产企业的下潜能力不够而已。

对于三四线城市，也要因城施策，做针对性机会判断。那些市场起步晚，处于未饱和阶段，或是直接库存和潜在库存小的市场依然是良性市场。尤其是不充分竞争市场，产品力强的房地产企业溢价空间依然存在。客户等待优质产品心情迫切，就像干柴等待烈火。

对于人口严重外溢或是支柱产业崩塌的三四线城市，要谨慎进入，小心踏空风险。

三四线城市客群的消费热度受全国市场大势和政策传导较慢，全国市场上行市场时涨得慢一些，全国市场下行时它的下滑速度也会慢两拍。警惕在市场高点进入，不要接最后一棒。

二、根据购买动机的客户分类：刚需、改善、投资和投机型客户

刚需客户：性价比至上，重地段，比配套，决胜在先上车的购买门槛。

改善需求：要能打动客户，看颜值，比资源。

投资需求：卖焦虑，会算账，比预期。

投机需求：卖机会，退出机制，比商机。

所有销售，卖的都是预期。

三、保鲜期、保护期和保质期

了解和懂得如何在客户的保鲜期、保质期和保护期驾驭和掌控时局。

（一）保质期

不简单地以时间为划分界定依据，保质期结束前，争取提早供货。要缩短保护期，激发团队竞争，发挥"换手"效果。

刚需型客户：客户还未在其他项目成交就还算在保质期内。

改善型客户：客户还有购房资格、贷款资格就还算是在保质期内。

（二）保鲜期

在客户购买热情高涨时或尚未明显消退前，都算是客户保鲜期。保鲜期要利用客户的购买冲动，一鼓作气积极回访、邀约复访、了解客户需求并实施针对性的措施以尽快成交。

（三）保护期

保护期更多是营销内部管理的自我标准界定。没有卖不出去的房子，只有卖不出去房子的销售顾问。这个世界上没有惰性产品，只有惰性团队和惰性人员。只要努力和用心，一切皆有可能。要缩短保护期，激发团队竞争，做到团队充分竞争、业绩至上。

四、客户的性格分类：小白兔、猎犬、狐狸、鹰。

要让团队具备判断客户属性的能力，但不胡乱判断，避免误判。其实，这几种性格都有自己的性格缺点，也都有各自的可引导性，如鹰和猎犬是可以转化的，只是一线之隔。

先练兵，要反复演练、精准判断、实战对抗。做到看到客户后的两分钟内准确判断出客户属于哪种类型，头脑中始终有10种不同属性的客户，然后最多给每个客户推介3套房源，把客户需求精准地锁定在一个小圈子里。也就是说，这个项目不管有多少套房子，也不管遇到什么样的客户，也最多有30套房源推介。如果再不成交，就果断换同事或领导接待。

小白兔：小白兔型的客户的性格特征是做事没主见，性格纠结，思维简单，对自己的意见不是特别坚持，爱听取家人和朋友意见，需要别人给意见或压迫才能做决策。小白兔型的客户的支付能力大多不够强，要推介性价比高的房源，谨慎推介溢价产品。一旦推介的房源多了，小白兔型的客户往往会很纠结，反而加大了购买决策难度。

在适度的时候，小白兔型的客户是需要有人在背后推一下才能做出决策的。

但要注意，这种客户往往不是家里的最终决策人。在果断"逼"客户决策前，还是要先确认客户的支付能力，以及决策人是否到场。

猎犬：猎犬型的客户是销售顾问最喜欢的客户类型，有诚信，能接受溢价，敢拍板。这类客户比较靠谱，不会胡乱打听和询价。他们的决策周期短，不纠结，一旦有打动他们的理由，很容易做出购买决策。这种客户忠诚度较高，一旦认准一个人或一个品牌，会死心塌地死忠下去。这种客户社会属性明显，交往广，人缘好，喜欢圈层，对身边人的带动能力较强，喜欢推荐朋友购买和积极替项目做宣传，是发展圈层营销的重要种子客户。

狐狸：狐狸型的客户的特点是疑心重，对他人有高度的戒备心理，不会轻易向他人说出真实想法。狐狸型的客户的忠诚度很低，往往会对价格反复测试，先后找不同销售顾问摸底价格，表现出狡黠的性格特征。狐狸型的客户喜欢对比价格，喜欢讨价还价。

这种客户的决策周期一般较长，狐狸型的客户只有在确认拿到了底价以及买到了性价比高的产品后才会考虑下单。对待这种客户要有忍耐性，价格优惠不要一次放到底，但其利益导向恰恰是其性格弱点，在关键时刻放出保留优惠，或是向领导申请一点额外政策，用一点小恩小惠再通过团队配合果断拿下。

鹰：鹰型的客户一般是社会中金字塔的中坚力量，社会经验丰富，有一定的话语权，性格特征是强势孤傲，加之一般属于多次置业，对产品有自己的判断和主见，不大听取别人的意见。这种客户十分主观，喜欢质疑，追求高品质生活，追求与众不同，关注产品力和社区配套，支付能力强，对价格不敏感，是溢价型产品的理想客户。

鹰型的客户往往在社会里的层级较高，人缘广，社会影响力大。对待此类客户要利用其比较好面子的性格弱点，多戴高帽子、给足面子，但又不唯唯诺诺，并且展现出专业性，推介优势房源。还可以适度释放其他同级圈子购买某种大户型房源等信息，刺激其竞争攀比的心理。在成交后，做好后续维护动作，深度挖掘其圈层资源。

第二节　业绩推导

客户为什么买单？销售业绩是怎样产生的？我们看一下销售推导过程。

假设某项目开盘销售目标为500套房源，如果：

客转卡比例为3:1。

卡转筹比例为3:1左右。和派筹门槛有关，客户重复办卡和水卡较多。

筹转定比例为2:1左右。会有一定上下浮动，与市场周期、当地调控政策、区域竞争环境和推货量、定价水平和销售挤压状态有关。

则该项目需要派筹1000个（2:1），需要办卡3000张（3:1），需要登记客户9000位（3:1）。当然，各项目根据实际情况会有所不同，尤其是和派筹门槛和派卡门槛设置有关，限价导致价格严重倒挂的市场除外，产品力突出的项目转化率会高很多。

也就是说，如果开盘前，你的售楼处还没有到访过9000位客户，你是很难有把握销售500套房源的。当然，因为限价导致价格倒挂或当地处于卖方市场的项目除外。对于追求高周转的企业，要在短时间内快速蓄客、快速开盘和实现去化，拓客就显得尤为重要了。战场不等人，只有通过拓客来打一场漂亮的逆战。

客户基础数量越大，对客户的挤压能力越强，卡和筹的转化效率就越高。好的销售业绩是需要一定的客户数量挤压出来的。

第三节 拓客的意义和价值

一、拓客是新兴的实效媒体

房地产行业发展到今天，传统媒体逐渐衰退和没落，而新媒体又没能接过传统媒体的大旗，广告载体效果忽然集体失灵了，房地产项目失去了和客户的有效沟通渠道。而拓客就是一种线下传播工具，把品牌和广告通过人的力量传递给市场，传播到意向客户，积淀到客户心中，把产品宣传到推广的盲点，实现产品和客户之间的链接关系。解决宣传通道的问题，是房地产行业下半场最重要的抢夺市场和客户资源的传播手段。

瞬息万变的地产白银时代，买方市场下的压力要求我们应该而且必须走出去直接面对市场和客户。

如果说工程是有形的手，那么营销和拓客就是无形的手，翻手可为云、覆手可为雨。

二、拓客更是有效的导客工具

在刚需时代结束后，房地产项目在市场低潮期都面临着渠道导客的问题。在一二线城市，如果房地产企业舍得投入高额营销费用，做渠道公司的整合，还是有可能通过外力实现客户导入的。当然，营销成本也会居高不下。使用渠道公司是把"双刃剑"，是非常态化的经营方式，不能长期使用，只能阶段使用。另外，要控制使用渠道公司的项目数量和项目占比。

在三四线城市，就是拓客导客的主战场了。一个是市场层级比较低，缺乏专业的市场覆盖率高的渠道公司；另外，城市规模不大，自建拓客渠道的效率反而比外面的渠道公司高很多，效果更好、费用更低。人与人之间的触点是最可靠和直接高效的导客工具。所以说，三四线城市是拓客的主战场，适合房地产企业自建渠道。

三、拓客是最有效的临门一脚

拓客创造和挖掘了市场需求，对接到潜在客户，把不认识的客户转化为意向客户，再把初步认知客户转化为意向客户。当客户有诸多选择的情况下，当我们的产品难以再言绝对稀缺的情况下，市场圈层和口碑的力量胜过所有的广告，直销加人脉营销、口碑营销是拓客的本质，促成客户直接购买决策。

推广解决市场认知的问题，拓客嫁接客户需求和实际购买行为。在媒体资源匮乏、缺乏市场集中声音的很多三至五线城市，拓客对销售业绩的增量效果尤为明显。

例如，碧桂园和很多房地产企业相比，最大的优势就是创造和挖掘释放了市场上潜在的购买需求。而且，这个需求不是通过产品力创造的，是通过营销拓客组织做到的。

随着房地产黄金时代的终结，房地产行业销售日趋激烈，拼刺刀的时候到了。要重视销售终端，以市场和客户为导向，注重圈层和拓客，做导客、强说辞、多盘客、高客户。很多时候，所谓的策略能力，只是懒惰的营销管理者的推辞和借口而已。

四、企业普遍面临的拓客瓶颈

人员储备、激励保障、知识沉淀、管理水平、工作支持是很多企业难以有效开展拓客的五大瓶颈。

1.人员储备瓶颈：没有合适的人员储备，核心管理团队缺乏拓客的基因，尤其缺乏拓展经理等骨干人员的储备。

2.激励保障瓶颈：企业缺乏对拓客绩效管理的相关制度，或是更准确地说，企业不愿意提高和改变激励体系，导致后台管理体系不匹配，难以调动员工积极性。

3.知识沉淀瓶颈：不知道如何开展拓客，对拓客技战术安排不了解，缺乏对拓客管理的知识沉淀。

4.管理水平瓶颈：拓客目标设定不合理，过高或过低都有问题。拓客策略不够清晰，过程检查和监督力度薄弱，调整和反应速度过慢，都成为很多企业无法有效实施拓客的障碍和瓶颈。

5.工作支持瓶颈：拓客和其他板块工作边界过于清晰，难以得到其他板块的有效配合，对横向部门资源使用不足，拓展团队单兵作战。而一个通过拓客取胜的项目，成功都不是拓展团队单个团队战斗的结果，一定是项目区域合力战斗的结果，是项目负责人对全流程整体的把控与综合协调的回报。

每个上规模的企业，企业营销中心都应该成立自己的"飞虎队"，即开盘专攻队，善于拓客管理，能够快速到位支援，统筹一些新项目开盘前的冲刺期工作。

规模企业的开盘专攻队应有企业营销条线内的人力临时抽调授权，尤其是在大盘或首推供货量较大的项目推售时，对拓客人力统一调配，实现错峰作战，倾斜兵力。另外，每个企业要有自己的拓客骨干和后备力量，能够有自己的集团级拓展培训人和统筹人。

对于首推货量较大的重点项目，都应该有单独的拓展负责人。在时间和精力允许的情况下，区域营销总经理应该亲自驻盘项目至少一个月，带队战斗在一线，工作重心下沉，并调集区域内优势兵力，实现军团作战。

区域帮扶要及早介入，避免项目盲目摸索碰壁。原则性上，在开盘前至少一个月，区域策略板块和销售事务板块负责人就应该带队进驻，帮助项目梳理和解决问题。区域平台要多巡盘，不要在办公室听汇报。要在一线发现问题和解决问题。

总之，拓客是需要有沉淀的，不是想学就能一下子学会的，但只要用心学，就一定有进步。要从体系上解决问题，必须是一把手工程，也就是企业一把手要重视拓客，并对建设开展拓客工作给予充分的政策支持。

第四节　拓客工作体系

一、有效开展拓客工作的四大保障体系

拓客要求、拓客方法、拓客道具、拓客考核是有效开展拓客工作的四大保障体系。

（一）拓客要求：抓领袖、精渠道、强灌输、重形象、高亮相

（1）抓领袖：通过各种客户渠道反馈的信息摸查挖掘优质客户，不断摸查找到种子客户，挖掘他们身边更多的有购买力的潜在客户。

（2）精渠道：根据前期摸查，寻找种子客户，利用种子客户的带动，挖掘行业领导，通过圈层活动最终收客。

（3）强灌输：把原来低端的派单扫街方式升级为"灌输式"拓客办法。使用道具（如3D户型立体成像技术、微信360°看房、精致高端画册）等新手段给客户反复灌输项目信息。

（4）重形象：全面提升销售团队及兼职团队形象。要注重企业形象，更要让每个销售顾问成为能够独立操作圈层活动和组织推介会、看房团的操盘手，把每个销售顾问培养成一家独立的代理公司。

（5）高亮相：拓展活动品质提升，圈层活动以高端、品质、尊贵、享受为主，如茗茶、红酒会、珠宝展、奢侈产品发布会嫁接、户外拓展、高规格巡回路演等。

（二）拓客方法

拓客方法有上门拜访、准客户圈层发动（私宴、生日会、婚庆）、推介会、看

房团、观影会、企业联谊、定点巡展、资源嫁接、商家联盟、电话营销等。

（三）拓客道具

拓客道具有产品解说/销售说辞和品牌说辞、产品手册/口袋、PPT（iPad等终端设备）、拓客人员装备、示范区体验券、圈层定制邀请函、企业介绍信、拜访礼物等。

（四）拓客考核

拓客考核主要有奖罚机制、PK机制和监控机制。

二、拓客五步骤

拓客五步骤是拓客目标设定、目标区域界定、拓客阵地建立、拓客团队组建、新团队孵化组建的442原则。

（一）拓客目标设定

根据货量结构、定价水平（总价大于单价考量）、客户购买特性，更重要的是公司的开盘目标和利润追求等核心诉求，设定拓客目标。

（二）目标区域界定

根据主次安排人力、物力、财力的资源倾斜，界定一级拓客区域和二级拓客区域，有重心、有主次地划分拓客地图，形成拓客意向、客户热力分布图。

（三）拓客阵地建立

为抢时间，在现场示范区不具备的情况下设立城市展厅为拓客根据地；同时，为提升市场覆盖面和提升拓客机动性，设立商场、超市和社区等二三级站点，进行客户织网。

（四）拓客团队组建

朱元璋找到8个人，建立了大明王朝。孔子找到72个门徒，传播儒家思想影响全世界。所有成功的人，背后都有一个志同道合的团队。组建有战斗力的拓客团队，是开展拓客工作的基础条件。

（五）新团队孵化组建的442原则

40%：企业内部调拨，从临近的成熟项目和快结案项目选拔，熟悉和认同企业，有一定的销售基础，愿意承担辛苦一些的基础工作的人员。

40%：挖热销竞品销售精英——具备较强房地产销售能力，掌握地缘性客户和一定房地产客户资源。

20%：汽车和其他行业销售精英——掌握一定高端客户资源，能带来跨界客群，有行业外的视野，更有激情、热情和拓客的思想准备。

三、拓客前的心理准备

消除拓客壁垒，排除畏难情绪。

1.畏难情绪之拓客成本高。可通过资源嫁接、场地外借等借船出海手段低成本实现拓客。在具体的执行活动中，可通过人均成本控制和场次成本封顶上限这两种控制手段双控成本。

2.畏难情绪之拓客手段太低级，影响品牌形象。其实是自己给自己找的借口。拓客手段可通过管理控制，通过策略提升品质。

3.畏难情绪之拓客效果不显著，得不偿失。拓客效果取决于拓客开展的广度和深度，取决于拓客策略和实施战术的铺排与管理监督力度。只要肯下决心，认真坚持做下去，就一定会有效果。

四、拓客阶段划分

项目开盘之前一般划分为品牌立势期、广泛拓客期、硬广强拓期、开盘冲刺期这四个阶段（后台主线：货量组织、产品对标、入市和开盘策略）。通常意义上，四个阶段的划分和主要动作如下所述。

1.品牌立势期：摘牌后的一个月内。

技术动作：品牌导入，市场发声，活动组织，拓客开展，服务展示（营销和物业）。

2.广泛拓客期：从摘牌后30天到开盘前45天。

技术动作：竞品对标，产品正式输出，品牌展示，客户维护动作。

3.硬广强拓期：开盘前45天至开盘前15天。

技术动作：军团支援，分组PK，大鱼吃小鱼，策略调整。

4.开盘冲刺期：开盘前15天至开盘。

技术动作：产品亮相，大活动配合，PK规则和激励制度规则升级，客户落位，梳理引导，以销定产，冲筹冲刺。

第五节 品牌立势期考核与管理

品牌立势期：摘牌后的一个月内。

营销动作：品牌导入，市场发声，活动组织，拓客开展，服务展示（营销和物业）。

拓客动作：建立拓客团队，划定拓客地图，梳理拓客渠道，建立拓客考核制度等管理体系和安排实施拓客动作。由于该阶段尚未开展派卡、派筹等收客行为，对拓客考核以基础拓客动作执行为主，同时结合活动邀约效果作综合考核。

考核指标：40%——举办圈层活动，组织高端私宴、同好和同会圈层、酒会、嫁接外部品牌资源联办活动等；30%——举办推介会，根据每场参与人数可调整权重，对参与人群要有准入标准界定；30%——举办看房团，根据每场人数可调整，对参与人群要有准入标准界定。额外考虑活动参与客户邀约达标率。

一、最开始的拓客是市场调查和产品定位

1.精准定位市场，打造适销产品：对当地市场情况，包括当地经济情况、行业分布，客户分布、客户对产品的偏好，竞品产品对标、供货和积存、不同产品线和产品形态的去化率等各方面进行全面严密分析，最终形成对项目最为准确的定位，为公司提供决策的依据。进而联合项目、设计、投资等多个部门召开多位一体会议，确定真正适销对路的、真正符合市场需求的产品。

2.提高产品品质，从根源提高品牌的溢价力：房子是大宗消费品，只有提高产品品质，才能从源头上应对竞争，提高企业品牌的认可度才是品牌溢价力的根本所在。

3.个性化产品，突出差异：随着政策调控在2018年进入深水区，产品溢价能力是今后开发商获得高价值土地的保障，这也意味着项目要在产品品质、售价方面都是当地最好、最高的。结合智能化社区、健康住宅等个性化的产品特质，与竞争对手有效区隔开，才能真正掌握市场的价格话语权。

4.种子客户筛选：从面市前进行市场调查，高举高打，对市场上有购买力的种子客户进行筛查，对接客户中的意见领袖，对于之后的圈层活动组织和客户发动具有重要意义。

调查对象：定向地针对当地企业家、商会领袖和金融业高管人士等准目标客群。切忌去大街上派发和回收问卷。

数量要求：别墅不低于100份，普通住宅不低于300份。

二、拓客的三种情形

海拓是画延长线。圈层营销是做深度垂直，做营销纵深。泛拓是跳出市场、创造市场、实现导客增量。

做圈层：适用于高端/标杆项目，针对当地的富裕人士。

做海拓：适用于中低端/投资项目，针对刚需、刚改客户。

做跨区域拓客：适用于小市场，大项目，针对地缘及外来客户。

三、客户渠道梳理

拓展原则是把高质量客户梳理出来，把市场做成"小世界、强关联"，实现客户挖掘和价值聚焦；同时，按照"三同原则"——同心、同道、同志，实现圈层营销。

（一）三同原则

同心——种子客户好沟通，同道——和意向客户有共同的喜好和兴趣结合点，同志——和圈层客户有共同的诉求。

（二）小世界、强关联

（1）政府单位和事业单位线：建委、规划局、国土局等主管部门，街道办事处、派出所、城管等部门，其他政府机关事业单位。

（2）供应商线：各施工单位和材料供应商负责人、各媒体单位负责人。

（3）金融线：各商业银行、信贷机构、保险公司的负责人和高管，理财中心经理；银行的高端理财客户和VIP客户。

（4）企业线：当地核心企业负责人和高管，当地支柱产业负责人。

（5）乡镇线：周边乡镇镇长，周边乡镇邮政所所长，信用社主任和职员，周边村镇私营企业主等意见领袖。

（6）商会线：各种同业圈层和各行业商会会长理事和会员，各商会合作资源。

（7）奢侈品线：高尔夫球、游艇等行业负责人和会员，高端酒店、会所和商场会员，名车、名表等奢侈品会员。

（8）同乡会：如"潮州人同乡会""温州同乡会"等。

（9）同好会：有共同高端爱好的小众群体，如旗袍会、棋牌会等。

（10）市场线：各专业市场小业主，各商业街店铺小业主。

四、拓客工作铺排

（一）合理安排拓客节奏，客户拓展全面推进

城区为主：进行网格状拓客，对拓客地图内的优质单位和实力商家进行逐一排查，梳理出有初步意向的意见领袖。实现初步对接后，通过组织推介会、圈层活动和单位联谊活动，深挖意见领袖背后的客户资源。组织优质单位看房团，实现节点信息的快速扩散，再结合展点收集客户，最终邀约客户到场参与活动，了解项目产品等。

乡镇为辅：以"政企人员—商家渠道—街头拓展"的客户拓展顺序逐步推进，适当扩大拓客范围，由周边乡镇和其他城市形成外围挤压的力量。

（二）圈层营销，集中团队的核心力量进行大客户资源拓展

圈层营销就是找到种子客户，做关系维护和人脉挖掘。按照六度分隔理论，这是一个小世界，最多通过六重人脉的间隔就可以帮你找到世界上任何一个人。所以，要坚定对拓客效果的信心，坚决做下去一定会有效果。

组建企事业渠道小组，做好公关工作，针对有钱的圈层，如企业领导、私营业主、业界名人等，定向开展圈层营销，扩宽人脉圈。

经理带队进行拜访，用最直接的方式、最有效果的办法找到高端客户中的意见领袖，给予高佣金激励，充分调动其积极性。

与银行、保险公司、商协会、俱乐部、高档车行、高尔夫球场、养生会所、酒庄等跨界合作，共享客户资源，建立长期战略合作关系，通过圈层活动进行客

户召集。

（三）积极推进全民营销，重视社会资源整合

制作推介优惠宣传物料，紧抓员工、项目、合作单位、总包及供应商人脉资源，建立渠道并植入销售信息；同时，充分利用互联网拓客工具进行信息扩散；联动编外分销、中介代理、各大媒体、竞品收编等形式拓宽客户渠道。

五、品牌立势期推广板块对拓客的支撑

活动方向——打造高端圈层专属活动，如品牌盒子接待、总经理饭局、TED五星演讲式发布会等高规格活动。

包装方向——惊艳亮相，轰动全城，凸显品质，进行品牌盒子、体验馆、十大理由墙、卖点展板、项目价值模型的制作。

广告方向——第一阶段，制造神秘感，说品牌的故事；第二阶段，制造尊贵感，说产品的品质；第三阶段，制造认同感，说尊贵的圈层。

新闻炒作方向——炒作主线围绕产品、园林、配套、物业等树立高端品牌形象。第一阶段，全面解读，从品牌到产品用心说。第二阶段，事件营销，增强客户互动与体验。第三阶段，圈层炒作，用销售实例影响圈层。

该阶段说辞强化：强化品牌说辞、熟悉地块和区域说辞。

第六节　广泛拓客期考核与管理

广泛拓客期：从摘牌后30天到开盘前45天。

营销动作：竞品对标、产品正式输出、品牌展示、大型造势活动组织。

　　拓客动作：该阶段销售行为为产品发布会和派卡。该阶段，圈层活动在经过一段时间的有效开展后，种子客户的效应开始逐渐发酵；同时，支援人员到位，军团作战模式开启。申请使用动态编制，阶段性提升人力编制，通过猎鹰引入竞品销冠（设定保护期，保护期内高底薪，保护期后底薪恢复正常标准），实现一定的扩编。区域平台启动支援模式，军团作战后重新分组PK，采取大鱼吃小鱼方式激活整个团队（先多分几个组，再通过PK让领先的小组吞掉落后的小组，反复PK，反复洗牌），最大限度进行人力挖潜。

　　要注意派卡启动节点。如果派卡启动太早，配合条件不足，可能导致盲动，影响项目口碑，对团队士气和信心也会有影响。如果启动太晚，则容易造成客户流失，而且派卡后如果效果不理想，再调整可能就没有调整的时间周期了。一般情况下，派卡启动节点为项目开盘前75天左右。当然，如果竞品销售动作提前，则可以提前开展派卡，以牵制对手。

　　考核指标：60%——派卡：也可对派卡分级管理，如设立金银卡，银卡权重减半。派卡门槛适度提高，把产品发布会作为派卡节点，"洗客"效果较好。25%——举办圈层活动：活动形式多样化，不仅私宴，还可以组织观影会和生日派对、纪念日庆典等。根据每场参与人数可调整权重，对参与人群的质量要有清晰明确的准入标准界定。15%——举办推介会或看房团：编外经纪人有效开展，中介、代理和竞品销售成为发力点。

一、团队管理

　　1.面对高强度的工作，要想办法始终保持高昂的斗志和战斗力。这主要取决于PK体系、刺激手段以及监督体系是否完善。通过内场PK表（主要PK金卡办卡率）、外场大组及小组PK等两大体系，结合每天多频率定点通报结果，甚至是实时派卡播报，使各个销售人员能够时时互相对比，极大地刺激每个销售人员的积极性。再者，配合每周两次的PK大会，通过分享及现金激励也能确保销售人员的工作积极性可持续保持。

　　2.奖惩措施：每天给小组顾问2项指标，保底和冲刺。

（1）奖励手段包括：完成保底目标的置业顾问进行完客户分析、工作铺排后方可下班，完成冲刺目标的置业顾问要进行奖励。

（2）惩罚手段包括：对单日没完成保底的置业顾问进行"烧烤"（当面责备和写检讨），并在次日严控工作状态，保证工作效率；对连续多日未完成保底任务的置业顾问采取降职（降职为销售助理，承担团队内的公共事务）或淘汰处理。

3.工作闭合：PK考核制度，金卡、银卡、积分制的组成，对每一阶段都有侧重点，也能明确拓客的主要方向。拓客结果每PK周期检查一次，采用以组为单位排名扣分制，缜密的检查机制让拓客动作得到有效监控，为实现整体工作闭合，最大限度地规避执行偏差。

4.可以结合组长PK竞聘，带队胜出的组长可以晋升职务，在实战中锻炼和考察后备干部。

二、该阶段说辞强化

1.熟悉品牌说辞。

2.强化区位说辞。

3.强化项目说辞。

4.产品力说辞。

5.初步确立价格口径。

第七节　硬广强拓期管理与考核

硬广强拓期：开盘前45天至前15天。

营销动作：产品发布会，军团支援，示范区开放活动组织和针对性宣传。

拓客动作：分组PK，大鱼吃小鱼，配合示范区开放的拓客配合动作。

硬广强拓期的两个主要节点是示范区开放和派筹。一般情况下，两个节点可合二为一。项目可根据示范区开放节点同步开展派筹。示范区开放节点为开盘前半个月。

考核指标：60%——派筹；25%——举办圈层活动；15%——举办推介会或看房团。

硬广强拓期拓客工作支撑体系如表9-1所示。

表9-1   **硬广强拓期拓客工作支撑体系表**

团队配合体系支撑	拓展组长和营销经理参与圈层等活动
	项目总经理、开发经理和财务经理推荐社会关系
	进入施工单位进行上门推介
销售物料支撑	企业介绍信和私人订制邀请函
	现场活动，会所设施体验券
	为企业客户准备的多套定制联谊活动方案，如相亲会、羽毛球对抗赛等
	项目推介PPT
	针对不同行业定制的拓客物料
	调拨区域内的用于拓展的销售物料和闲置的拓客礼品
现场活动支撑	与推广板块结合，把大活动作为拓客邀约说辞
	圈层活动任务分解，作为对别墅等高端客户的邀约说辞
	与暖场活动结合，作为拓客邀约说辞
	与会所内泳池和健身房等设备设施结合，作为邀约客户体验说辞
项目价值体系支撑	项目价值体系梳理。
	装标竞争力和差异化亮点
	示范区和样板房动线规划
	户型和样板房解说词
	竞品打击说辞

硬广强拓期拓客团队激励体系如表9-2所示。

表9-2　　　　　　　　　　　　　　　　　　　硬广强拓期拓客团队激励体系表

正激励制度	小组	大鱼吃小鱼
		分组 PK 模式下的佣金跳点
		PK 获胜的组享受额外假期
	个人	晋升通道设立，对组长和组员均有对应的岗位
		执行竞聘方式
		佣金激励
		节点现金激励（派筹激励、冲筹激励、选楼激励）
		特殊阶段对私车公用的顾问补贴油费
		每个 PK 周期设立奖项，对表现优秀的人员颁发奖状、发放奖品
		定期以区域或项目平台为单位组织销售冠军夜宴
	支援人员	对支援同事单位发感谢信
		定期组织团队建设活动，慰问支援顾问
		为支援同事提供早餐和定期送水果
负激励制度	小组	小组拆分
		分组 PK 模式下的佣金下降
		根据阶段性 PK 结果，以组为单位扣减一定数量的案场接待资格
	个人	对 PK 失利的组，淘汰一定比例的组员
		为表现不佳的组长和组员佩戴特殊标识
监督体系		PK 和制度奖惩
		大开盘阶段，区域分公司另外派驻管理人员进行监督
		案场经理和外场拓展经理的互动
		数据后台对拓客数据追踪管理
		以微信定位和微信步数进行技术监督
		案场资格锁定，内场资格证拍卖，禁止拓客范围划定，外场拓客指标完成率

案场和外场拓客的互动如表9-3所示。

表9-3　　　　　　　　　　　　　　　　　　　　　　　　　　　　　**案场和外场拓客的互动示意表**

案场成交	以案场名额限定、竞拍和划定禁止拓客范围倒逼顾问出去拓客
	以拓转访成交率倒逼外场有质量拓客
	案场三道关：内场接待顾问第一关，金牌顾问第二关，组长第三关
	对于别墅和超豪客户来说，由经理在第四关接待
外场拓客	拓转访客户首要认购或临定
	认购不成就派筹
	派筹不成就派卡，派卡不成就发展编外经纪人
内场支持	阶段性主题活动的邀约口径，如活动派票
	周末暖场活动的邀约口径
	拓客礼品，现场整点抽奖，案场红包墙
	会所内恒温泳池和室外泳池、健身会所、羽毛球场等设施的利用
	展点换购兑换
	和展点接驳体系的建立，如开通穿梭大巴

拓客的数据监控如表9-4所示。

表9-4　　　　　　　　　　　　　　　　　　　　　　　　　　　　　**拓客数据监控表**

1	拓客计划表（见表9-5）
2	拓客当日总结表（见表9-6）
3	项目整体工作计划表（见表9-7、表9-8、表9-9）
4	每日工作铺排表
5	小组工作计划
6	小组工作总结
7	前台来访登记表
8	各小组业绩排名
9	圈层计划表

表9-5　　　　　　　　　　　　　　　　　　　　　　　　　　　　　　　　　拓客计划表

日期	组别	拓客目标			展点		大客户拜访		业主维护	圈层活动		活动邀约		派单			电营	其他	
		拓客转来访	认筹	认购	展点位置	预计拓客组数	拜访行业	预计拓客组数		活动场数	客户组数	活动场数	客户组数	区域	派单份数	预计拓客组数	有效电营	基本信息	有效拓客
	A组																		
	B组																		
	C组																		
	D组																		
	合计																		
	A组																		
	B组																		
	C组																		
	D组																		
	合计																		

日期	组别	拓客目标			展点		大客户拜访		业主维护	圈层活动		活动邀约		派单			电营	其他	
		拓客转来访	认筹	认购	展点位置	预计拓客组数	拜访行业	预计拓客组数		活动场数	客户组数	活动场数	客户组数	区域	派单份数	预计拓客组数	有效电营	基本信息	有效拓客
	A组																		
	B组																		
	C组																		
	D组																		
	合计																		

表9-6 拓客当日总结表

计划认筹	认筹	计划认购	认购	来访数据			前台数据				电营数据			圈层数据		活动邀约到访
				计划拓客转来访	拓客转来访	有效客户	自然来访	电商导客	自拓客来访	总来访	总电营	有效电营	电营转来访	圈层场数	圈层客户	

表9-7　　　　　　　　　　　　　　　　　　　　　　　　　　　　　　　　　　　外展点拓客表

执行时间	选址位置	拓客方式	所需物料	人员架构
×月×日至 ×月×日				
……	……	……	……	……
物料总计	……			

表9-8　　　　　　　　　　　　　　　　　　　　　　　　　　商家洽谈广告植入名单及执行时间

执行时间	行业类型	所需物料	场地租金（月租）	所需人员
酒店/餐饮类/卖场类/医院类/摄影馆/美容美发类/足浴类/综合类				
×月×日至 ×月×日				
物料总计	……			
租金总计	……			

表9-9　　　　　　　　　　　　　　　　　　　　　　　　　大客户拓客工作计划表（企事业单位）

大客户拓展					
执行时间	执行目的	锁定目标	执行方式	所需物料	所需人员
×月×日至 ×月×日					
圈层开展及验收					
执行时间	执行目的	锁定目标	执行方式	所需物料	所需人员
……	……	……	……	……	……

派筹期，我们的营销负责人管什么？怎样管？

一、派筹期的六大管理内容

派筹期的六大管理内容是：目标管理、团队管理、数据管控、卖压制造、销售力打造和基础管理。

（一）目标管理

目标和计划制订过程要全员参与，最终达成统一认可的目标就要去按要求完成。目标分为每个PK周期的中期目标和以天为单位的短期目标。

（二）团队管理

1.人员分工

给每个人进行角色定位和工作分工，哪些是"刀客"，哪些是"掩护"，哪些是"工兵"。对公共事务分工，制度管人，定下的制度都要遵守，不能有特殊情况。培养骨干力量，用正能量影响其他组员，管理放权。组长、副组长分工明确，组长统筹客户情况，安排骨干力量负责展厅展点和外场行动；副组长负责圈层组织以及案场客户转化。

2.士气营造

经常与下属聊天，掌握个人目标、资源及需要的支持。业绩好时要求组员做到更好，业绩差时要给大家打气。适当进行团队建设活动，懂激励（物质、情感、成就激励）。奖罚结合，但在开盘前以奖为主；同时，利用组员成功案例分享，树立团队整体信心。

（三）数据管控

重点关注拓客数据和筹客分析数据，尤其是筹货比和落位数据。落位数据是最能对开盘定价方案构成影响的数据，如果分析和引导到位，客户转化比可提升30%以上。

（四）卖压制造

周末利用现场活动的信息，大量邀约客户，现场制造紧张的气氛，提高案场人气。派筹要多次喊控，现场配合揭宝墙和整点抽奖。基础工作聘请编外人员和"小蜜蜂"实现，尽量解放销售人员的生产力。

（五）销售力打造

（1）进一步对谈判技巧进行培训，频繁组织销售演讲比赛和逼定演练。安排小组对练，对逼定的技巧反复练习。例如，打电话请示领导逼定，销售人员自己充当领导逼定，等等。

（2）进一步完善销售人员讲解说辞的感染力，实行竞争上岗机制。实行案场销售准入制度，通过案场接待证发放，保持案场接待人员质量，提高团队内部竞争性。内场一定要放尖刀销售顾问，不放走任何一组可能成交的客户。

（3）加强销售团队协作成交能力，有客户在谈判时能够主动利用氛围，互相感染逼定，或者主动充当客户调节现场氛围。

（4）压迫式销售。任何一名客户都要珍惜，给每名客户只推介三套房源（摸清客户实力和做购买意向引导后），逼定必须果断（决策人要到位才行）。但是，禁止顾问间为了抢客户违规输出价格和做过度承诺。

（5）提升客户利用率：提升明源客户利用率，取消客户保护期，谁成交归谁。定期进行客户交换，先是组内小交换，再开展各组大交换，谁邀约客户成交业绩归谁。每天反复梳理意向客户，ABC分类，分析客户没有认筹的原因，整理最有说服力的说辞，进行邀约。

（6）所有未成交客户再梳理一遍，找出抗性，拿出解决措施和标准回答说辞。对已下筹客户下手，分析其社会关系，利用对筹客回访和送礼物以及为其量身定制组织圈层活动等方式对其社会关系洗一遍，挖掘新筹客。

（六）基础管理

做好时间管理和工作分解，拓宽时间管理的维度。早上打气，发派卡、派筹目标，定来访指标，订工作计划。中午总结工作，安排下午工作。下午提前安排晚上工作，盘清下午及晚上到访，盘好次日到访情况，总结全天工作，安排次日工作。

做好工作监控，每天盘点客户，关注意向客户，关注各组积分数据和排行榜变化情况、梳理背后深层次因素。及时了解团队状态。例如，每天检查回访数据及顾问的圈层活动客户邀约数量、私宴等圈层活动的照片等痕迹，还有打电话给客户的数据、业主上门拜访情况、广告植入和微信增友等。

每个人每天必须完成指定的任务，电话营销和夜间拓展必须加强，保证足够的数量，最大限度地收集意向客户。加大电话营销量，量变才能质变。

二、派筹阶段说辞强化

1.熟悉品牌说辞。

2.强化区位说辞。

3.价值输出口径。

4.产品输出口径。

5.价格对标口径。

6.抗性说辞。

7.竞品说辞。

第八节 开盘冲刺期管理与考核

开盘冲刺期：开盘前15天至开盘。

营销动作：示范区开放持续性大活动举办、客户梳理和落位、价格口径引导、开盘活动组织、以销定推。

拓客动作：集中做客户到访邀约，围绕着开盘冲筹进行PK规则和激励制度规则的升筹、冲筹冲刺。

考核指标：60%——派筹或升筹：以派筹指标为绝对考核指标。25%——举办圈层活动。15%——发展编外经纪人。

一、开盘冲刺期的六大营销核心动作

（一）团队氛围塑造

做好团队动员是完成销售任务的基础，要重视冲刺期团队氛围的塑造。

设立拓展指挥部，把办公室变成拓展指挥部和派筹数据区。销售办公室（即拓展指挥部）功能定位：指挥部布置、PK考核制度上墙、销售目标和分解数据上墙、拓客地图和工作指引明晰。

抓住节点，召开动员大会和誓师大会，给团队仪式感和荣誉感，把管理层动力传导到基层。

办公区进行销售冲刺氛围的布置，让办公区充斥竞争的氛围，负激励也要严格执行。

阶段性开颁奖晚会，激励士气。

（二）PK开展、激励制度调整

加强分组PK力度，及时兑现，对带队的拓展经理进行升降职激励。

设立分组抽佣制度，以开盘后一周为PK节点，业绩领先的小组可以抽取落后的小组一定比例的销售佣金。

公司管理层和销售管理团队进行开盘业绩对赌，共同设立奖金池。如果开盘业绩达标，销售管理团队可以获取奖金池里的全部奖金。否则，公司管理层获取奖金池奖金。但是，该游戏规则的设立应该采取非完全对等原则，尽量倾斜于销售管理团队，以调动销售管理团队的积极性。

（三）抢房和开盘旺场氛围营造

抢房氛围营造的重要因素是信息不对称造成的信息套利。信息包含推售组织信息、客户蓄客信息、定价信息等。

开发商高层对媒体、对供应商或外部单位的高层信息不对称。开发商中层对媒体、对活动公关公司和自己团队的基层信息不对称。销售顾问对客户、对市场的基层信息不对称。这三种不对称共同构成整体的信息差套利。

基层卖套路（真诚也是一种套路），中层卖产品，高层卖机会。

案场卖压是确保客户转化的心理安全阀。卖压营造手段为组织媒体看房团、人气团，案场实施人气活动延长客户滞留时间，具体手段为到访有礼、整点抽奖、大富翁和超市大赢家等现场游戏，配合红包墙和抢钱机等。提升客户黏性，赢在时间战场。

（四）冲筹销售动作

提前开展客户以老带新，释放客户圈层潜能。可在开盘定价优惠组合中分解出一个筹客以老带新奖励，鼓励筹客推荐亲朋下筹。为避免水筹，可设置优惠门槛，被推荐客户签约后，推荐的筹客才可享受现金奖励返还。

使用客户下筹礼品，作为筹客的配合手段。

（五）配套利好释放

做好冲筹阶段的产品价值体系升级工作，把配套利好和价值点具象化输出。装标进一步明确，最好可以明确品牌，但具体型号不可以随意输出。学校和周边医院等教育、医疗配套设施进一步明确开工节点或建成节点。

人为制造强化配套：由项目和开发协调公交公司开通短期接驳市中心巴士，短期多频次往返市中心，营造公交配套。在项目周边由项目部做出公交站亭和指示牌，模拟几年以后公交站亭的样子。

（六）价格口径针对性打击

定价对标：根据项目价值体系，结合竞品定价和竞品最新的价格策略设定我方的定价，建立我方主力产品的定价逻辑，让价格和价值支撑点对位。

定价测试：开盘前对客户进行三次价格测试，摸准客户心里承受点。

定价口径具象化：根据定价对标和定价测试，形成我方的定价方案。然后，做一定程度上的口径释放，具体到户型，尽快完成价格审批，在冲筹最后阶段释放价格口径。

二、开盘冲刺期阶段说辞强化

1.对项目和产品的信心。

2.价格输出口径。

3.逼定成交技巧。

4.客户落位引导。

10

CAO PAN

第十章 开 盘

第一节　价格输出口径及锁客落位

一、定价坐标管理

对项目进行全周期价格输出口径规划，其实是一场定价之战，是项目价值体系的PK，也是客户心智之战，客户心理对项目价值判断的映射就决定了后期开盘定价。

价格输出口径的重点是定价坐标管理和定价渗透过程，也就是找到和调整价格锚点的过程，找到市场上的价格对比标杆，给客户一个价格对比的直接参照物，从而影响客户对于产品价格的评估。

价格锚点分为市场锚点和自我锚点，市场锚点选取标杆对标原则，自我锚点选择价值富余原则。在消费者眼里，商品的价值是相对存在的，这件商品到底值多少钱，取决于你为它设定的对标标杆。自我锚点，则是对于加推和后期推售，可对比自我产品体系里定价较高的组团或单位。如果是首推，就先把入市形象做高，在价格口径里留有一定的定价余地。

二、以销定产

价格输出分批次开展，力求做到环环相扣、销售收客动作紧密和有强烈的承接性，以销定产，以筹定推，提高项目溢价，做到"进可攻退可守"。储客理想时，具备价格提升空间和可操作性。储客不理想时，货不推散，最大限度降低损失，产品可以实现相对均衡去化，最大限度进行客户意向摸底和强化挤压效应。

三、派卡前阶段

1.输出口径重点：价值铺垫，价格对标确定。通过高调高品质亮相，引起市场较高心理预期和强烈关注，强化核心卖点，重点对标竞品中价格最贵项目，拔高客户心理预期，不做任何价格输出，留给客户价值想象空间。如项目采取精装修出售，需重点突出精装修的亮点。如果区域市场内缺乏有溢价能力的竞品，则要树立领导者形象。

2.输出具体方式：输出对标竞品最优产品线价格，提及自身项目更有竞争优势的卖点。

3.销售对策：市场供需分析、对标市场竞品价格，如有精装修，要强化精装修价值。

四、派卡阶段

1.输出口径重点：溢价，拔高客户心理预期，同时输出初步价格，以初步锁定意向客户。

2.输出具体方式：按照产品线，输出该批次整体均价水平。例如，洋房20000元/平方米，高层15000元/平方米。

3.提示：所有输出价格均须确保输出的价格比内部底线价格高，为接下来的定价留有一定余地。一般情况下，住宅类产品对外输出口径要预留出5%左右的空间，商业类产品要预留出15%左右的空间。

4.配合锁客手段：锁客手段的优先顺序为收钱（可通过第三方金融机构操作）>定存>验资派卡，各项目可根据实际情况确定派卡标准和操作模式。

5.预落位：每套单位最多落位三个卡。

五、派筹阶段

最好配合示范区开放，如果没有示范区，则一般控制在开盘前15天左右。

1.输出口径重点：引导客户精准落位，摸清客户对产品的偏好和价差接受程度。

2.输出具体价格：按照产品线，释放价格区间。例如，洋房18500~21500元/平方米，高层13800~16200元/平方米。本次价格输出，价格基本已接近实际推售定价，但仍然要预留5%左右的价格空间。

3.提示：该阶段项目营销开始做客户锁客落位动作，每套可销售单位最多落位三个筹。细分报价、价差引导、均衡落位（发现难点、及时引导），对有效客户细分户型报价，建立楼栋、户型、梯腿之间的价值排序促进落位。

4.配合锁客手段：派筹。各项目可根据实际情况确定派筹方案。

5.派筹期压力测试：拟出三种价格方案，激进版、夯实版、保底版，针对三种方案分别进行客户摸底并对去化率进行预估。

六、冲筹阶段

关键阶段，即开盘前15天。

1.输出口径重点：根据落位情况，根据客户对产品、户型、梯腿、位置、楼层等因素的倾向性进行价格拉差测试，并进一步调整和细化价格口径。

2.输出具体方式：按照产品线，释放不同产品的价格区间，以及不同楼栋不同户型不同楼层的价格拉差关系（即口语化的定价系数）。

3.项目营销开始做客户落位动作，每套可销售单位最多落位三个筹。对落位率过高的楼栋可视情况停止落位，向低落位率楼栋挤压。另外，落位较为集中的楼层和梯腿也可停止派筹、营造紧张氛围。同时根据落位，大胆进行价格拉差，促进户型均衡去化。

4.原则上，开盘前至少经过三次落位。模拟选房，对症下药，针对派筹不理想户型给出价值配合口径。

5.在定价策略上，根据筹货比实际情况进行定价策略调整，继续溢价或谨慎选择。在推售范围确定上，根据价格口径输出进行筹量摸底和客户筛查，倒推进行推售范围确定。原则上，新项目首推当天去化率不低于70%。

6.开盘时根据筹量、客户到访量及竞品价格和市场情况综合考虑进行因势利导，合理设置价格折扣，根据客户到访情况再一次进行折扣收放。

7.开盘当天价格由五重优惠至六重优惠组成，具备价格刹车和上浮机制。即，当天客户反映踊跃、购买热情高涨，在保障去化率的情况下具备后半程房源及时涨价的操作空间。如果筹货比超过2.5∶1，则必须设定两种价格优惠方案，以便于开盘过程中收回部分优惠，动态提升利润。

第二节 开盘组织

要想开好一个盘，就要做好前置准备工作。每一个项目开盘成功，都是精心准备、运筹经营的成果。一个完整的开盘组织，分为开盘前准备、开盘当天组织和开盘后评估三个阶段。

一、开盘前准备阶段

一个项目的开盘组织早在开盘选房之前。成功的开盘前期准备组织工作要做好几个保障点：冲筹措施、手续保障、竞品截击、销售节奏匹配。

（一）冲筹措施

1.冲筹礼品。

2.筹客推介裂变措施启动。

3.进一步细化释放价格口径。

（二）手续保障

1.价格备案完成。

2.单合同或双合同的执行方式确定。

3.预售手续获取。

4.公司推售范围报批和内部定价报批。

（三）竞品截击

对于双重叠竞品（产品定位重叠、客群重叠），要坚决地进行截留打击。

开盘时点打击：对于双重叠竞品，必须安排人员提前在竞品刚开始派筹时就悄悄下一个筹，以随时掌握竞品的开盘时间和价格释放口径。如果竞品要开盘，要马上评估该次竞品推盘对本项目造成的客户分流和具体销售业绩影响。如果评估结果很不利，则须马上组织开盘，务必抢在双重叠竞品之前开盘，必要时考虑使用金融工具锁客，并释放具体一房一价进行客户落位，以截留打击竞品。

（四）销售节奏匹配

一个成功开盘的项目，大多是供货节奏和销售推广节奏匹配的。如果节奏脱节、延迟供货，则会造成客户流失。如果被竞品提前开盘，则会把市场拱手相让。所以，务必要和项目做好沟通，确保供货和销售节奏匹配。

二、开盘活动组织阶段

对内：场地锁定，开盘保障，工作人员铺排调动，分工铺排，分区彩排。

对外：签到率保障、竞品监控和对抗。

（一）签到率保障方案

1.对外政策杠杆：如果筹客开盘当天签到，则优先退筹。

2.对内政策杠杆：客户如果在开盘当天选房流程结束后仍然未选房（大多也未签到），则客户充公，由当盘负责人分配给其他组或其他置业顾问。

3.实物杠杆：签到礼品，成交礼品。

（二）开盘活动场地安排四原则

1.场地形象匹配：刚需和刚改项目尽量在示范区开盘（如果示范区场地能够支撑），改善型项目在酒店开盘，豪宅开盘场地的形象更要注重匹配。

2.场地面积匹配：大开盘大场地，小开盘小场地，小筹量暗开（在项目现场）。场地面积要和有效筹客数量匹配，面积够用就行，否则会显得缺乏人气，对后续市场口碑造成不良影响。

3.场地距离匹配：开盘场地要尽量选择距离项目不太远的地方，避免客户被竞品截留。

4.机动灵活性原则：原则上，项目在获取预售证后三天内要实现开盘。如果要尽快抢时间开盘，但又不确定具体开盘时间，可多预定几天的开盘场地，多交几天定金，保证项目开盘的机动灵活性。即使付出了一些额外的定金，但保住了开盘时间、降低了开盘风险才是更重要的。

关于开盘场地面积，有两个问题，测试一下。

问题1：某项目有1000组筹客，开盘场地需要多大面积？

答案：833平方米。

推导过程：筹客签到率70%，每个筹客平均到场1.7人，每人平均占地0.7平方米。

问题2：某项目有1000组筹客，选房区需要多大面积？

答案：16.5平方米。

推导过程：1000组筹客，要在1.5~2小时内完成选房，如果每组客户选房2分钟，则需要10组选房员。则选楼区场地内同时容纳人员33人：10名选房员，1名选楼统筹，1名销控员，3名管理人员（开盘总统筹，开盘总监控和项目总经理），摄影师1名，客户17名（10组）。如果人均占用0.5平方米，则选楼区面积为16.5平方米（33×0.5）。

选楼区应采用长方形设置，宽度应控制在2.5~3米内（不可以超过3米宽度，这点对于客户挤压很重要），保持充分的销售卖压。

选楼区销控图两边对称布置，且每一面都有对应在总规图中的位置。

选楼区准备高音喇叭，便于选楼统筹人员喊控。

（三）开盘现场

开盘当天现场分为上半场和下半场。上半场开盘转化，下午场开始签约，实现快速签约。如果筹量多，做好预留备手方案，中途涨价，提升利润。

问题1：一个销售目标3000套的项目大开盘，需要多少工作人员？

答案：285人。

以某企业湖北武汉沌口项目开盘为例，总人员需求285人。其中，营销管理层15人，销售事务60人，策划团队10人，销售顾问180人（从其他兄弟楼盘调集支援开盘），财务20人。另外，包含律所100人，银行60人，电商8人。

（四）团队设置

1.管理层：根据功能区定人数。

2.销售事务：以签约区为主。

3.策划团队：保障流程、活动组织、叫号和节奏控制。

4.销售顾问：等候区、流程区和选楼区为主。

（五）分区设置

1.签到区和补筹区：电子二维码签到，直接进入选楼客户叫号系统。

2.等候区和验筹区：等候区依据人数分区设置，分为等候一区、等候二区和等候三区等多个等候区，所有区域平行设置，每个区域都有自己的小统筹。如果客户数量多，为加快验筹速度，每个等候区设置一个验筹口，保证同时验筹，同时进场选房。

3.选房销控区：分为四个组进行PK，每个组15名选房员，一共60人，都是"刀手"级，从其他项目调集支援。IPAD选房。设置电脑销控员，处理选房销控的突发状况，协助取消销控。

4.签约区：细化签约流程和分工，分为5个小区。

（1）流程区：跟单员衔接接下来的认购流程，人数120人。

（2）刷卡开票区：由销售事务板块负责。

（3）认购打印及签约区：新开认购书区60人，其中销售事务20人，律所40人。负责已销控房号的客户打印认购书，回收资料。涉及特殊操作，如转楼操作则指引到特殊操作区。打印资料：认购书2份。

（4）签署认购书区：40人（销售顾问10人，律所30人）。引导客户认购书签字，涉及特殊操作，如转楼操作则指引到特殊操作区。

（5）银行签约区：31人（1名销售事务，统筹30名银行人员），统筹银行签署区，处理突发情况。

5.五个保障区域：外场区、主持舞台区、现场策划包装板块、技术组、后勤组。

①外场区：客户引导、泊车管理、安保管理、物业对接、驱逐竞品人员。

②主持舞台区：控场和氛围营造。

③现场策划包装板块：负责开盘物料保障、氛围包装和场地外指引、媒体对接和热销新闻稿件发布、拍照和影像留存、礼品管理和派发。

④技术组：协调场地方和项目部，负责现场水电网保障、售楼系统维护。

⑤后勤组：餐食保障、交通保障等。

以上这些是上午认购场的分区设置和人员安排，下午自动转做签约场，人员再次分工，流程和分区进行二次调整。

（六）提高解筹率的方法

1.派筹阶段的户型与价格引导。认筹阶段公布每个户型的价格区间，最低价和最高价（但预留5%左右的价格空间），让客户结合自身实力提前预选合适房源，此举重在通过户型价格段输出引导客户购买信心，从而提高认筹的质量。

2.筹客落位。每天晚会时公布并确认派筹落位表，直至加推当天。此举重在梳理每个筹客情况，了解客户后期是否存在认购问题，过程中将有问题落位房源取消，重新进行落位。另外，每套房源要求落位一组客户，有冲突客户要求销售通过引导落位其他意向房源，做到一房一落位（在意向客户不足的情况下）。

3.通过优惠配合进行集中解筹。首先，推售当天配合额外优惠点，满足认筹客户获取额外优惠心理，帮助业务员逼定客户。如设置当天认购当天签约优惠99折，促进客户认购当天签约，促进解筹及签约。其次，价格保密原则。截至推售时客户进入选房区，所有房源价格对销售顾问保密，防止销售顾问提前输出价格导致客户犹豫甚至放弃来访及认购。

4.氛围配合。推售当天现场配合音量大、节奏激昂的音乐，制造紧张氛围，让整个现场具有浓重的逼客氛围，把业务员和客户的情绪都调动起来；压缩活动场地面积，让活动流程精简，通过活动营造良好的现场人气氛围，促进意向客户逼定。

5.开售当天限时认购。第一，确保客户都能够在设置的规定时间内到访，现场制造人气及紧迫感。第二，开盘后，房价收回部分优惠，逼迫客户快速认购，避免客户流失。

三、开盘后评估阶段

工作重点：冲业绩、快速签约、复盘后评估。

冲业绩措施：客户充公，集体交叉"洗客"。

快速签约措施：快速签约是建立在内外部共识、工作前置、签约优惠分拆设置、收折扣这四个基础之上的。

1.内外部共识：首先，销售团队内部要树立共识，达成一致，明确非快速签约客户会挞定或收回快速签约优惠。

2.工作前置：早在派筹或升筹阶段，就要向客户鲜明地提出快速签约、准时签约的要求。如果没有这个前置动作，后期是很难做到快速签约的。

3.签约优惠分拆设置：把开盘优惠拆分成5~6重优惠，其中一个包装成签约优惠，通常可设置为2%的签约优惠（因政府备案价下浮要求影响的项目除外）。

4.收折扣：在快速签约期内（一般为3天），可适度收回未售出房源的部分优惠（如2%~5%），以坚定待签约客户信心。

开盘后评估：为有效地评价各项目获取合理度、项目定位精准度和检验实际操盘能力，形成系统性的新开盘营销经验总结，通过总结分享提升企业整体投拓、运营和开发、营销水平。对新开盘项目及旧盘新推货量较大的项目（如推货货值超过5亿元）召开开盘后评估会议，并建立后评估评分机制。

项目开盘后10天内，对项目定位进行复盘的范围如下所述。

1.市场调研：土地市场的供量及存量、房地产市场的供需及库存情况、周边竞品分析、市场环境（限购、限售、限贷、限价、许可证取得条件、市场监管力度）等最新信息。

2.利用到访客户分析、成交客户分析对前期客户定位产品定位进行判定是否有定位偏差。

3.利用市场调研信息分析营销建议是否有偏差。

4.开盘后3天内，项目须提交开盘总结至企业。

5.开盘后评估会：由企业营销牵头组织，于项目开盘后10天内召开，参加人为相关区域负责人、项目负责人和项目营销管理团队。在召开企业营销后评估会之前，区域须先组织召开预评估会。

6.开盘后评估评分机制：按后评估得分，对排名靠前的项目负责人和项目营销负责人进行一定程度的奖励。各区域营销负责人及项目营销负责人要严格落实以销定产、以筹定推，并前置各项营销动作，确保开盘完成率及降低积存风险。

11

CAO PAN

第十一章 定 价

第一节 货值管理原则

货值管理的意义是什么，为什么要进行货值管理？

所谓货值管理，就是为把控企业货值，保障企业资产规模不缩水、不贬值，从整体货值管理的角度建立科学的总货值管控体系，在土地投资定案阶段、方案设计阶段、项目入市阶段、后续加推和调价阶段、销售周期变化和结算阶段等阶段，对项目开展持续的货值管理工作，确保企业资产规模稳定和企业整体经营利润的实现。

一、整盘货值及底均价"层层大于（等于）"的双控原则

整盘货值及底均价"层层大于（等于）"的双控原则，即项目每一阶段申报的底均价及整盘货值应不低于前一阶段确定的底均价与整盘货值。如项目投资定案阶段的底均价及整盘货值应不低于可研阶段中企业营销中心测算的底均价及整盘货值，项目启动阶段的底均价及整盘货值应不低于投资定案阶段中底均价及整盘货值，首次开盘及加推阶段的底均价及整盘货值应不低于项目启动阶段确定的底均价及整盘货值。

二、动态修正原则

以可研阶段设定的项目各业态底均价为基础，在投资定案阶段、项目启动阶段予以修正、制作项目各业态（包含车位）的楼栋底均价，并形成全盘货量底价表。在首次开盘时，须依据市场、客户等基本情况提报审批当期推盘量的底均价

及推盘货值，并据实调整、修正全盘价格规划。加推阶段在制作当期推盘量的底均价时，若本批次底均价低于项目启动阶段该批次底均价的，还须重新修正全盘价格规划。如推售阶段定价低于项目启动阶段定价，则在后续房源定价时须进行价格上调，确保整盘货值不低于项目启动阶段最低总货值。另外，在市场上行或转暖阶段，要果断根据市场态势进行价格上调。

三、自上而下原则

项目的总货值，根据企业下达的利润率指标、整盘均价指标和分期推售房源的均价指标作为管理依据。如果企业的经营战略发生重大变化，企业再重新评估和下发新的总货值。

四、收尾原则

每个项目的货值管理，最后要以结算阶段的货值总和作为货值管理成果的依据，走流程报备到企业，并进行复盘分析。

第二节　定价管理概念

什么是房地产行业的定价管理概念？

集团层面的定价管理，就是根据集团的总体发展战略，梳理集团价格管理制度，规范项目的价格管理，通过全流程化和全周期的管控和科学定价指引，确保项目最低总货值，提升项目高解筹率、高去化率，保障项目去化，且各产品线能够实现均衡去化。另外，要在保证去化的前提下充分体现产品价值，实现品牌和产品溢价，保证企业经营利润的实现。

定价管理不仅仅是技术层面的专业把关，其实是系统工程，考验的是战略管理能力和全周期管理能力。

一、战略管理能力

对于集团而言，各出售型项目（含住宅、车位、商业等）在可研阶段、项目投资定案阶段、项目启动阶段、首次开盘阶段、加推销售的定价及续销调价阶段等，均属于集团营销管理中心价格管理的范围。一个集团有一个整体的定价策略，一个区域分公司有整体的定价策略，首先要看集团的战略诉求。集团层面的定价战略管理就是整体调度，做全集团层面的利益取舍。

对于区域分公司而言，定价的战略管理也是区域内资源整体配置的利益取舍和经营判断。如果项目是进入一个区域的首个项目，短期目标是要确保品牌树立和首开热售。而一城多个项目的，要考虑定价的战略考量，各项目之间的定价关系，建立各项目之间以及每个项目不同业态不同组团的定价逻辑关系。比如，老项目尾盘货量不多，就要果断升价为新入市项目做托、掩护。多个新项目同时入市，如果客群重叠，则要考虑错峰入市。如果为了同时入市追回款，则要根据销售去化难度确立哪个是现金牛，哪个是利润牛。

在市场下行时，如果预测市场形势继续恶化或提前察觉市场上的库存激增，以及土地成本较低的竞品可能做出甩货动作，则该跑则跑，果断进行价格调整。促销甩货和涨价都是企业经营战略的主动选择。核心是要主动和反应快速，先人一步。

二、全周期货值管理能力

定价管理是全周期管理，是货值管理、利润管理和经营策略的最核心体现，是战略落地。定价不是静态考虑当期收益，而是要放在一个项目的全生命周期和全运营周期内综合考虑时间要素和资金成本。

如果是需要快速回款甚至快速回流到集团去还融资机构的钱，或是去投入其他利润更丰厚的新项目，去做杠杆，那么，本期利润的高低就是次要问题了。

如果本期利润达不到既定要求，那么，可以在整个生命周期的哪个时点把利润追上来，追上来的可能性有多大？这个是定价管理能力的体现。

如果本期推售要追求溢价，也要考虑是否会拉长销售周期，每拉长半年的整盘销售周期，如果以目前很多二三线房地产企业年化15%融资成本计算，意味着损失了7.5%的净利润，除非本次溢价能力能够冲抵这7.5%的净利润损失。而且，按照现金为王的观念，先收回钱来总是好的，因为接下来的政策变化因素不是静态测算能够把握的。

三、关于定价管理中集团营销和项目之间的权责划分

（一）集团营销管理中心

（1）制度修订：负责集团价格管理及定价作业指引制度、标准的制订。

（2）培训宣贯：针对集团发布的管理办法，进行宣贯培训、过程交流及反馈修订。

（3）价格管理：审批项目公司上报的价格方案和调价方案，纠正不符合定价逻辑的内容。统筹、推动各项目公司价格方案和计划推进实施。

（4）监督检查：负责项目价格执行情况的监督检查与业务指导。

（二）区域分公司和项目公司

严格执行集团下发的价格管理制度和定价指引，依据集团下发的操作指引进行填报，在规定的时间内完成价格方案审批，并严格执行审批价格。

提高经营能力和溢价能力，实现集团确定的利润指标。

第三节 溢价创造

价格管理的能力体现在敢于溢价。营销敢溢价，投拓才敢拿地，才是正向循环。储客如果好就做好调价准备，溢价思维贯穿于项目营销策略始终。

溢价经营能力，从初级到高级，会经过以下三个阶段。

1.以市场条件竞争框定价格的阶段。

2.以成本结构框定价格的阶段。

3.以品牌和经营能力框定价格的阶段。

开盘溢价链条：第一步，前期价值和价格锚定；第二步，中期提升价值支撑；第三步，开盘前深度对标强化优势；第四步，开盘期科学加推，前瞻定价。

1.前期价值和价格锚定：打造适销对路的高品质产品，并在项目面世之初，选择市场上品质好、溢价强的典型竞品和市场标杆进行价值和价格锚定，结合推广定位和销售口径等提升市场预期。

2.中期提升价值支撑：中期通过项目形象塑造及过程中的产品附加值提升，强化配套和现场展示等，持续拔高客户心理价格预期。

3.开盘前深度对标强化优势：开盘前针对竞品深度对标，并形成全面的价值对标体系，做优势转化。强化销售、强势推广、渠道为王，截留竞品客流，改变本项目的供需结构。

4.开盘期科学加推，前瞻定价：开盘前预判销售情况，执行精确的定价策略。开盘借势火爆销售形势，升价加推，实现最大溢价。

第四节　定价管理体系

对于房地产集团层面而言，一个完整的定价管理体系应包含如下内容。

一、新项目均衡去化管控

要实现推售户型、楼栋、楼层均衡去化，防范个别项目为冲业绩"卖好留差"等现象发生。

维度1：不同产品、不同户型去化率分析，须包含高层、小高层、洋房、别墅、公寓、商业等不同业态。

维度2：不同楼栋去化率分析，分析数据只涵盖同一批次推售楼栋。

维度3：同等层数不同楼层去化率分析，分为五种类型，总层高11层及以下区分为首顶层、标准层；总层高12~17层为1~4层+顶层、标准层；总层高18层及以上为首顶层、低段楼层、中段楼层、高段楼层；叠拼产品为上叠、中叠、下叠；商铺分为一层、二层，内街与外街。

二、动态利润管理

设定合理的价格不应只静态看待成本及利润，还须从资金财务角度结合时间成本及资金周转速度考虑动态利润增减。从不同均价水平下，得出不同的利润率，预估出开盘当月去化率及去化周期。

三、最低货值管理

以项目土地获取后集团运营中心下发的全盘最低总货值和底均价为基准设定推售房源价格，未经集团同意不得突破。

四、定价时效管理

价格审批完成后30天内未实现开盘销售的，价格须重新评估，并重新上流程审批。已开盘销售房源，30天内去化率仍然严重不达标的（低于60%），须启动价格调整机制，重新过集团定价会确定价格。

五、定价房源范围管理

相关行政单位对于同一批次取证面积有严格管控要求时，取证面积为政府要求的最低下限面积。如无，根据实际推售需求及客户储备，设定合理的房源推售范围，避免产生不必要的库存和避免重复的定价、调价工作。

六、优惠政策管理

开盘、续销折扣优惠原则上由五重优惠至六重优惠组成，包含节假日优惠、派卡优惠、升筹优惠、开盘优惠、快速签约优惠等。优惠折扣计算时如固定折扣和非固定折扣并存，须先加减后乘除，提升利润。

申请额外优惠促销政策须评估该政策产生的额外销售业绩增量，并计算货值减损量；同时，要明确优惠房源的范围，以及优惠截止日期，是否与当前优惠叠加。

首付分期政策使用，原则上须在保证签约后60天内能实现银行快速放款的前提下才可以开展。

七、定价复盘

项目公司在申请定价的价格会上，须同步完成一房一价表，汇报结束后须当日把一房一价表及定价报告等相关文件发至集团营销管理中心进行审核，审核完成后进行线上价格审批。如需调整，则两日内调整完成再次进行汇报。

开盘后须对此次开盘房源定价进行复盘总结，结合开盘当日实际去化情况分析各房源价格设定是否合理，为项目续销、加推的价格设定做指引。

八、价格监控机制

1.月度定期监控：针对新开盘低于定案利润或定案价格的项目，须以月报方式按照集团要求每月上报。按月对项目均价突破集团运营中心下发的全盘最低总货值和底均价的产品进行原因上报。集团营销管理中心按月对底价破底项目进行预警通报。

2.不定期监控：集团营销管理中心对新项目均衡去化实行考核，考核标准为推售房源的户型、楼栋、楼层等，还有对特定单位拉差及去化均衡进行考核。

第五节　定价前的准备工作

一、项目基本情况及当地政策

1.项目概况：清晰描述预推房源的产品组成、产品适销性、产品竞争力、入市时机合理性。

2.预售证进度：项目工程形象进度，预计取得预售证的日期及目前申报的进度。

3.预售要求：当地政府关于商品房预售价格上下限的控制幅度，政府关于同一项目下一批次商品房预售价格涨幅的控制幅度要求，对于本批次房源价格所产生的影响。另外，要体现政府对备案价与实际售价的下浮限制。

4.成本分摊：须阐述销售周期的变化对融资成本的影响。另外，根据土地使用效率不同造成的土地成本差异，对不同业态产品进行土地成本分摊，分别测算不同的单品利润率。如同一项目内出现两种及以上产品，须对每种产品的土地成本分摊进行单独说明。

二、当地市场情况

1.城市市场格局调研：清晰描述项目所在城市的房地产政策、城市发展趋势与格局、交通规划、近三年房地产市场的增幅、供销比、量价、销量和库存去化周期（直接库存及潜在库存）、适销面积段。

2.板块市场格局调研：清晰描述项目所在板块的房地产政策、房地产市场的供销走势、价格走势、适销面积段、销量和库存去化周期（直接库存及潜在库存）、客户结构（类型、占比、购买意向等）。

3.主要目标竞品的项目情况：依据四同法（同区域、同时期、同产品、同客户）进行精准的竞品筛选，并对竞品基础数据、近期推售货量、定价、近期推售房源（不同产品、不同户型）去化率、储客情况等进行统计分析，未开盘未推售项目重点分析储客数据。

4.对后市的市场预判：市场量价走势，客户购房意愿。半年内板块周边的土地拍卖情况，房地产企业参与热度，土地拍卖价格是否为底价摘牌或溢价率，以及对本项目的定价影响。

第六节　定价的三种方法

一般有三种定价方法：成本导向定价法、市场导向定价法和撇脂定价法。各项目公司设定销售均价时，要优先采取成本导向定价法，但如出现市场情况变化等特殊因素，项目也可采取市场导向定价法，根据实际情况进行定价，但须提前与集团沟通，经集团同意后方可进行。

一、成本导向定价法

以地块方案版成本为基础，进行利润加价的定价方法。其基本思路是：在定价时首先考虑收回全部成本，然后加上一定的净利润（比如10%净利润）。售价＝［总成本（1+10%）］/可售面积。

二、市场导向定价法

对具有可比性的竞品进行定量描述和量化统计，并根据各竞品定价因素的具体指标及等级划分与项目对比评分，得出权重。各竞品均价乘以权重进行加总，最终得出项目均价。

第一步，选择对比竞品及相应权重。选择具有市场比较价值的楼盘（一般为4~5个），而且具备典型性（至少1个）。

第二步，确定比较因素及相应权重。权重指标：竞品距本项目距离、竞品品质、品牌、竞品产品结构与本项目的重合度、竞品资源优势、交通、配套，权重的综合须等于1，即$W_A+W_B+W_C+\cdots=1$。一些关键劣势不容忽视，比如污染问题、噪声问题等，属于减分项。

第三步，打分，并进行计算与调整。此种定价方法是建立在完善准确的竞品调研基础上的，对竞品调研的要求较高。

三、撇脂定价法

对于市中心或城市属性良好、价值较大且市场相对空白的商铺外街或别墅等产品，在首推供货相对稀缺的局部卖方市场条件下，也可采用"撇脂定价法"。撇脂定价法以利润最大化为核心，在首推时即将溢价因素计算在内，后续加推或续销房源依据实际情况而定。

第七节　住宅产品价差设定

一、各楼栋均价定价

1.楼栋均价价差的主要因素有位置、朝向、采光、景观、产品、噪声、不利因素。价格原则为楼王楼栋＞优质楼栋＞普通楼栋，单价价差为5%~15%。注：如优质楼栋出现多栋楼，可以设立楼栋微差，单价价差在1.5%~3%。普通楼栋不得超过2栋。

2.楼栋均价确定：基础数据填写，楼号、楼栋面积、楼层数、整盘均价。基础条件打分：位置15%、景观25%、通风采光25%、产品15%、噪声10%、不利因素10%。得分计算：单楼栋打分=位置得分×占比+景观得分×占比+采光得分×占比+产品得分×占比+噪声×占比+不利因素×占比；进行加权系数=单楼栋打分分数/（各楼栋打分分数之和/楼栋数）；系数加权平均=单楼座面积/加权系数；

修订系数=各楼栋面积之和/系数加权平均之和；最终系数=加权系数×修订系数；各楼栋均价=组团均价×最终系数；各楼栋总金额=各楼栋均价×各楼栋面积。最终，各楼栋均价价差不得超过上述楼栋价差要求中的数值。

二、一房一价

底单价=楼栋均价×［1+水平系数（中户/边户）］×（1+户型系数）×（1+朝向系数）×（1+楼层系数）×（1+景观系数）×（1+特殊系数）。

1.水平系数：同一楼栋水平面内，不同位置价差，价差区间为5%~8%。根据位置不同，划分为东边户、西边户、中间户。价格原则为东边户＞西边户＞中间户，价差为2%~5%，即东边户价格高于西边户3%~5%、西边户价格高于中间户2%~3%。

2.户型系数：依据客户接受度划分为热销户型、适销户型、普通户型，价差为5%~10%（注：如单个面积出现多种户型或单个户型出现多种面积时，在保证去化率的前提下户型单价微差在1%~3%）。

3.朝向系数：依据朝向不同，分为南北通透户型、纯朝南户型、南北半通透户型、纯朝北户型。

（1）北方区域：价格原则为南北通透户型＞纯朝南户型＞南北半通透户型＞纯朝北户型，价差为4%~8%。

（2）南方区域：价格原则为南北通透户型＞纯朝南户型＞南北半通透户型＞纯朝北户型，价差为2%~5%。

4.楼层系数：同一楼栋垂直面内，不同楼层价差，价差区间为8%~12%。

（1）适用于三线及以下城市：中高层价格最高，无赠送。价格原则为一层为基准层，每3层为一个单位，每两个相邻单位单价价差在1%左右。价格最高楼层为中高层，可选取单层楼层为价格最高（如20层/21层），亦可选取一个区间为价格最高（如16~18层或19~21层）。以价格最高楼层为核心，双向单位同时进行调整。

（2）适用于一二线城市：次顶层价格最高，无赠送。一层为基准层，每3层为一个单位，每两个相邻单位价差在1%左右。价格最高楼层为次顶层，顶层价格等同于7~8层或次顶层价格减去6%~8%。

（3）带有赠送，一层赠送花园，顶层赠送露台。一层赠送花园，根据花园面积大小，高于基准层价格15%~25%。顶层赠送露台，中高层价格最贵时，顶层价格与次顶层持平。

（4）退台产品：同一梯腿内户型相同，赠送面积越大，每次价格调升幅度为2%~5%（注：根据项目市场接受度及消费习惯差异，如有特殊楼层，进行特殊调整）。

5.景观系数：同一项目内，不同位置可视景观不同。依据可视景观，分为区外强势景观、中庭景观、区外景观、无景观。价格原则为区外强势景观>中庭景观>区外景观>无景观，价差5%~15%。注：如单个景观户型出现多套，根据景观视觉可设立户型微差，价差不高于2%。

6.特殊系数：一层、顶层为跃层，中间楼层为平层。如跃层部分计算产权面积，则同梯腿内跃层产品与平层产品单价相同，控制总价。如跃层部分为赠送面积，则跃层产品价格为平层产品的50%~80%。

同一批次定价一房一价表中同类型产品，标准层产品最高价与最低价：高层相差不高于20%，小高层相差不高于18%，洋房相差不高于15%。

第八节　别墅产品价差设定

双拼和独院在制作价格时须设立楼王1~2套，价格为基准房源价格的30%~40%。

价差主要因素有户型系数、水平系数、花园面积系数、垂直系数、朝向系数、景观系数、特殊系数（变电站、配电房、高层俯视、垃圾收集点、车库入口等）。

底单价=基价×（1+户型系数）×（1+水平系数）×（1+花园面积系数）×

（1+垂直系数）×（1+朝向系数）×（1+景观系数）×（1+特殊系数）。注：基价=（成本+10%利润）/可售面积）

1.户型系数：同一项目内，相同产品不同户型的价差。依据客户接受度、市场差异等确定热销户型、适销户型、普通户型，价差为6%~10%。

2.水平系数：同一楼栋水平面内，不同位置系数差。根据位置不同，划分为东边户、西边户、中间户。价格原则为东边户>西边户>中间户，单价价差为5%~8%。

3.垂直系数：同一楼栋垂直面内，不同楼层价差。叠墅产品，价格原则为上叠产品价格高于中叠产品，价差为5%~10%。下叠产品价格高于上叠产品，价差为8%~15%。

4.花园面积系数。

5.主朝向系数。

（1）适用于北方区域：同一项目内，依据主朝向不同，价格拉差为：南为15%、东南为10%、西南为8%，其余方向均为0。

（2）适用于南方区域：同一项目内，依据主朝向不同，价格拉差为：南为5%、东南为3%、西南为2%，其余方向均为0。

6.景观系数：同一项目内，不同位置可视景观不同调整系数。依据可视景观，分为区外强势景观、中庭景观、区外景观、无景观，价差为3%~5%（注：如单个景观户型出现多套，根据景观视觉可设立户型微差，单价价差不高于2%）。

7.特殊系数（变电站、配电房、高层俯视、垃圾收集点、车库入口等），根据项目情况、市场情况自行设定。

一房一价表中，别墅产品价格相差不高于40%。

第九节　公寓产品价差设定

公寓价格差别主要因素有户型系数、水平系数、景观系数、垂直系数、朝向系数、楼内干扰系数等。

底单价=基价×（1+户型系数）×（1+水平系数）×（1+景观系数）×（1+垂直系数）×（1+朝向系数）×（1+干扰系数）。

1.户型系数：同一楼栋，依据客户数量、户型实用性、推售策略等划分为热销户型、适销户型、普通户型。价格原则为热销户型＞适销户型＞普通户型，价差为3%~8%。

2.水平系数：同一楼栋水平面内，不同位置的价差区间为3%~5%。

3.垂直系数：同一楼栋垂直面内，不同楼层的价差区间为8%~12%。

（1）适用于三线及以下城市：中高层价格最高，无赠送。价格原则是一层为基准层，每3层为一个单位，每两个相邻单位单价价差在1%左右。价格最高楼层为中高层，可选取单层楼层为价格最高（如20层/21层），亦可选取一个区间为价格最高（如16~18层或19~21层）。以价格最高楼层为核心，双向单位同时进行调整。

（2）适用于一二线城市：次顶层价格最高，无赠送。一层为基准层，每3层为一个单位，每两个相邻单位价差在1%左右。价格最高楼层为次顶层，顶层价格等同于7~8层或次顶层价格减去6%~8%。

4.景观系数：同一项目内，不同位置可视景观不同。依据可视景观，分为区外强势景观、中庭景观、区外景观、无景观，单价价差为3%~5%。注：如单个景观户型出现多套，根据景观视觉可设立户型微差，单价价差不高于2%。

5.朝向系数：同一项目内，依据主朝向不同，进行价格拉差。

（1）适用于北方区域：南为12%、东南为10%、西南为8%、东为5%、西为5%，其余方向全部为0。

（2）适用于南方区域：南为5%、东南为3%、西南为2%，其余方向全部为0。

6.楼内干扰系数：同一楼层内，根据其他单位住户经过本单位次数的多少，设定相应的干扰系数，价差为3%~5%。

同一批次内，标准层最高与最低价差为20%以内。

第十节　商业产品价差设定

商业产品定价时确立1~2个标杆商铺，选取位置昭示性最好的金角铺，在基准商铺价格的基础上上浮50%~100%，作为价格标杆，凸显其他产品的性价比。

一、商业产品一房一价

定价公式：单套总价=（一层基价×一层面积×一层面积系数×一层形状系数×一层负面系数×一层公摊系数×一层面宽进深比系数+二层基价×二层面积×二层面积系数×二层实用形状系数×二层负面系数×二层公摊系数）×商业氛围系数×结构系数×单套房源调价系数×调价系数。其中，二层基价=一层基价×0.6。

二、定价系数分类

定价系数分类如表11-1所示。

表11-1 定价系数分类表

系数分类	系数名称	系数说明	推荐系数范围
内部结构系数	面积系数	指商铺的面积因素的影响	0.9~1.7
	形状系数	指商铺的形状因素的影响	1~1.1
	负面系数	指立柱等商铺内部负面因素的影响	0.8~1
	公摊系数	指商铺公摊大小的影响	0.85~1
	一层面宽进深比系数	指商铺一层面宽进深比因素的影响	0.95~1.2
	结构系数	指商铺结构的影响	0.8~1
外部系数	商业氛围系数	指商铺的位置，以人流的易达性为基础	1~1.5/1~1.8
调价系数	单套调价系数	用以微调商铺的价差关系	0.95~1.05
	调价系数	用以调整商铺整体的均价	不设限

三、商铺定价系数标准

（一）基价

1.一层基价：以项目定案阶段商铺总货值反推算一层基价。

2.二层基价：以一层基价的0.6倍为基价。

3.三层基价：以二层基价的0.55倍为基价（如涉及三层商铺，价单可参考二层商铺调整公式）。

注：如西南等地区因地势造成二层或三层也属于首层铺的除外。

（二）面积系数

各面积范围内商铺原则上不得超出对应的系数范围；同一面积范围内，商铺面积越小，对应系数越高。具体面积系数如表11-2所示。

表11-2   面积系数表

面积范围/m²	≤ 30	30~50	50~70	70~90	90~110	110~150	150~200	200~300	300~400	≥ 400
系数	>1.7	1.6~1.7	1.5~1.6	1.4~1.5	1.3~1.4	1.2~1.3	1.1~1.2	1~1.1	0.9~1	<0.9

（三）形状系数

各形状商铺的系数不能超过对应的系数范围。原则上，正四边形、扇形、L形各商铺系数需统一，规则多边形、不规则多边形、三角形视实用性在对应系数范围内拉开档次，具体系数如表11-3所示。

表11-3   形状系数表

形状	正四边形、扇形	L形	规则多边形	不规则多边形	三角形
系数	1.08~1.1	1.05~1.07	1.05~1.08	1~1.05	1~1.05

（四）负面系数

考虑商铺内部不利因素的影响，导致使用不便的情况，如柱网过多、无排烟通道、楼梯过多、商铺门前坡度较大等，系数范围控制在0.8~1，如个别单位负面因素较多，可适当突破该系数范围限制。

（五）公摊系数

商铺各公摊比例的系数不能超过对应的系数范围。一般情况下，公摊越小，系数越大，具体系数如表11-4所示。

表11-4 公摊系数表

公摊比例	≤ 10%	10%~20%	20%~30%	30%~40%	40%~50%	≥ 50%
系数	0.97~1	0.94~0.96	0.92~0.95	0.89~0.91	0.86~0.85	< 0.85

（六）一层面宽进深比系数

各形状商铺的系数不能超过对应的系数范围，具体系数如表11-5所示。当出现多面开间时，面宽的定义为各开间面宽求和，进深定义为垂直于主展示面的进深。

表11-5 面宽进深比系数表

面宽进深比	< 0.3	0.3~0.5	0.5~0.7	0.7~1	1~1.5	> 1.5
推介系数	0.95~1	1.01~1.05	1.05~1.1	1.11~1.15	1.16~1.20	> 1.2

（七）商业氛围系数

以商铺所在位置离入口、通道、公交站点、停车场的远近及人流的易达性为基准。一般情况下，一条街道的商铺越靠近十字路口、小区路口价格越高，角铺的价格应比街道中间的商铺高20%或以上，边铺的价格应比街道中间的商铺高10%或以上。

方法一：商业氛围系数设定依据

（1）实地考察结果：包括临街商铺、内街商铺、是否主路口位置，现时人流量、社区规模及人口数（车流、人流易达性，交通线路密集性，客流量及聚集性，路面是否方便人行、车行，有否人行小通道等）。

（2）商铺周边停车位配套情况：预留足够多的停车位，有利于吸引消费、聚集人气。

方法二：系数拉差设置参考

（1）内、外街商业系数拉差参考幅度：一般情况下，外街商业气氛系数应比内街高20%或以上，20%~40%幅度为宜，具体可根据项目实际情况进行合理性调整。

（2）内街与内街、外街与外街：一般情况下，外街与外街、内街与内街，视街道的临路情况、周边配套进行拉差评估，控制在10%~20%。系数参考范围为

1~1.5，在项目各商铺差异较大的情况下建议拉差范围为1~1.8（具体拉差幅度范围可按客户接受度摸查后，按实际进行适当调整，如超出范围需做好备注说明）。

（八）结构系数

按商铺结构类型设置不同的系数，具体的结构系数如表11-6所示。

表11-6   结构系数表

商铺结构	纯一层商铺	两层商铺	三层商铺	纯二层商铺
推介系数	1	0.9	0.85	0.8

（九）单套调价系数

确定完上述系数后，对各商铺总价、单价进行评估，对比商铺定价合理性，利用单套调价系数进行调整。系数范围为0.95~1.05，一般不可超出该范围，如个别商铺需要超过该范围，需做好备注说明。

（十）调价系数

调价系数用来调整整体均价，不设置系数范围，但所有商铺必须统一。

第十一节　车位产品价差设定

针对已售房源所对应社区地下车位进行销售遵循如下定价措施。

售价=基价（基价由市场导向法设定）×（1+产权系数）×（1+层差系数）×（1+子母系数）×（1+联排系数）×（1+不利因素系数）。

1.产权因素。非人防车位价格高于人防车位价格的30%~60%，根据项目所在地市场行情具体确定价差比例。

2.层差因素。相邻楼层价差为10%~15%，负一层价格最高，逐层递减。

3.子母车位。子母车位价格高于普通车位价格的40%~50%。

4.联排系数。根据车位组合数量，划分为单车位、双车位、多车位。价格原则为单车位＞双车位＞多车位，价差为3%~5%。即单车位价格高于双车位价格的3%~5%，双车位价格高于多车位价格的3%~5%。

5.不利因素。车位平整、停车便捷定义为优质车位，靠近出入口、坡道车位等不利因素定义为普通车位，优质车位的价格高于普通车位价格的10%~15%。

第十二节　加推或续销和尾盘定价方法

一、加推或续销定价五步骤

加推或续销定价五步骤为市场分析、客户分析、本体分析、成本分析、溢价分析。

1.市场分析：主要目标竞品的项目情况。依据四同法（同区域、同时期、同产品、同客户）进行精准的竞品筛选，并对竞品基础数据、近期推售货量、定价、近期推售房源不同产品、户型去化率及续销去化率、储客情况等进行统计分析，未开盘未推售项目重点分析储客数据。

2.客户分析：通过成交客户分析确定客户与新推房源是否匹配。

3.本体分析：新增加推或续销房源在项目整盘中是否属于优势房源。

4.成本分析：已售房源价格是否满足集团下发的最低货值的阶段性货值。

5.溢价分析：如果市场上行和项目销售走势良好，具备溢价条件，需果断进行提价动作。

结合以上五种分析法，确定新增加推或续销房源价格，并根据定价作业指引完成价格制作。

二、尾盘定价两步骤

尾盘定价两步骤成本分析、市场分析。

1.成本分析：已售房源价格是否满足集团下发的最低货值。

2.市场分析：通过城市市场分析、板块市场分析、主力竞品项目分析推导出市场走势及竞品项目操盘手段。

通过以上两种分析，确定采取价格调整实现快速去化或采取价格持续上调实现溢价。须满足整盘销售利润要求，并结合市场情况考虑溢价。

第十三节　限价条件下的定价

一、政府指导价略高于或等于企业预估售价

（一）定价处理方法

贴近备案价格定价，合理拉差。尽量前置定价工作的开展，做到备案价拉差合理，结合付款方式及开盘优惠，开盘价贴近备案价。

（二）注意事项

1.定价工作要前置，尽量在备案价提交相关机构之前敲定（应结合市场及客户，将价差运用到极致），避免匆忙提交备案价导致后期定价不合理影响均衡去化。

2.由于政府要求备案价公示，所有折扣优惠必须在备案价基础上折算，注意

优惠及付款方式折扣的折算。

二、政府对项目楼栋间或楼栋内价格拉差有比例限制

（一）定价处理方法

按政府指导要求进行定价，减少同批次备案楼栋数。

（二）注意事项

避免楼栋拉差限制对去化的影响，结合政府总均价限制与客户接受水平，按客户接受度尽量做满拉差，以保证去化均衡性。

三、政府对单套最高上限有明确要求

（一）定价处理方法

按政府指导要求进行定价，若政府指导价格明显低于客户心理预期，为了保证利益最大化，则可以按照政府最高备案价采取部分单位一口价的方式。

（二）注意事项

区域需充分评估一口价单位对去化影响。

四、一房一价备案有上下限

（一）定价处理方法

对价格确定的精准度要求高，前置定价工作开始时间，同步备案并尽量缩短所需备案时间。

（二）注意事项

确定付款方式折扣后反推开盘优惠折扣幅度，不使用大折扣优惠。

五、重要提醒

1.受限价影响的项目，注意开盘优惠幅度及付款方式折扣幅度：缩减开盘优惠，前期优惠输出需谨慎。

2.对于限购区域，开售前梳理客户，具有购房资格证明且贷款或自付款全部合格的客户才让其参加选房。

3.受政策影响的区域和项目，一定充分重视定价工作的前置开展。尽量在确定备案价格前按照市场及客户接受水平设定出合理的价格（均价及差价等），以方便在明确的政府限价政策确定时有充分的应对措施和方向。

4.以上措施可组合使用，各区域根据当地政策、市场及项目情况进行酌情使用。

第十四节　销售折扣优惠管理

对于在有关部门的价格备案，要求项目公司以底价为基准，根据当地政府备案价要求，建立表价。区域公司具有两个点以内的优惠权（最终价格不允许突破底价），原则上，住宅产品不允许"一房一议"，仅有商铺尾盘、大宗资产可以向公司申请额外优惠政策。

一、内部客户审定

对于新开盘销售项目，关于内部客户数量的限定为所推售房源的10%之内，具体名单须经区域公司审批确认后上报至集团审定。

二、工抵房操作

关于工抵房的要求，工抵房不算入销售业绩。

住宅：只允许抵扣大户型房源、非热销、非适销户型。

商铺：首层商铺不抵扣，外街商铺不抵扣。

三、突破底价审定

因任何特殊情况导致房源签约均价低于底均价时，须上报集团，经集团审定后方可执行。

四、定价会汇报工作

所有重要的价格设定应该先通过集团的销售定价会再发起定价审批流程。定价会由集团营销牵头，由运营、成本和财务等部门联合组成，对集团定价负责。在上定价会时，项目公司须向集团提交如下资料。

1.本次定价单价最贵单位对标竞品同类产品中单价最贵单位，单价最低单位对标竞品同类产品中单价最低单位。

2.每一价格段所对应的单位套数。住宅分为3~4个价格段，商铺分为5~6个价格段。

3.要清楚体现渠道佣金费用标准（包括后佣、前佣或售价加价等模式的佣金）、项目定价扣减完渠道费用后的实际价格，作为定价会决策参考依据。

12

CAO PAN

第十二章　费　效

第一节　费用失控的五大原因

营销费用通常花超的五大原因：项目规模小难以分摊固定费用，销售不达标费用比例超支，营销周期控制不当导致费用超支，营销空心化过度导致费用超支，费用策划不合理导致阶段费用超支。

一、项目规模小难以分摊固定费用

受限于整体货值的基数，可售面积太小的项目费用往往很难控制（可售面积在10万平方米以内）。项目体量小，尽管可以适当压缩示范区和售楼处体量，但固定的支出（如示范区和管理费用）依然难以摊销。因此，营销应该在投拓前端就积极参与，对投拓拿地中体量过小项目的占比进行控制。

对于费用占比往往最高的示范区费用，可通过压缩示范区园林景观面积和售楼处面积、样板间数量达到费用整体控制的目的。

另外，可采取"1+1"模式操盘，如临近项目共用一个策略和事务团队，销售团队错峰支援，一个销售团队同一周期操盘两个或以上项目，以分摊部分管理费用和营销费用。

二、销售不达标费用比例超支

项目销售未达到预期，但营销费用已经发生，导致营销费用超支。这就要求营销负责人有很好的预判能力和前瞻性，能够对销售走势做出很好的判断，以及时调整推盘量和营销投入。

另外，要求销售未达标后能有很好的常销期持续去化能力。

三、营销周期控制不当导致费用超支

项目开发进度慢，迟迟没有解决供货问题，或是后续供货跟不上，无形中导致销售周期延长，导致营销团队守盘时间长，营销做了一定的先期推广投入。或是项目在去化率达到一定程度后，营销没有及时缩编、控编和营销撤场，导致营销费用持续发生。

面对这种费用超支情况，首先，要做好货量组织，营销动作前置，提前储客，缩短销售周期，提前销售。其次，要加快推盘频率，积极拓客，积极营销，尽快缩短销售周期，尽早清盘。再次，降低固定薪资支出，提高佣金在收入中占比。营销应该在整盘去化率达到80%后进行团队缩编处理，在去化率达到95%时实现营销撤场，把尾货和车位销售移交给物业公司。

一个新盘的广告投放启动时间可以在摘牌即启动，但大规模广告投放一定要在明确开盘节点可达成的前提下才能启动，时间节点为开盘前一个月至一个半月。费用花得太早，如果项目开盘延迟，容易造成费用浪费，也会为竞品作嫁衣裳。而项目总经理在集团运营的压力下，直到最后一刻，一般不会以官方渠道正式承认自己保不住开盘节点的。所以，和项目部的沟通很重要，掌握准确信息，做出正确预判。

四、营销空心化过度导致费用超支

对于过度依赖代理公司尤其是渠道分销公司的项目，费用往往难以控制，尤其是渠道销售成交占比过高的项目，费用更是会严重超支。这就要求营销在投拓前端就及时介入，对异地市场渠道导客项目的获取慎重对待，进行总体占比控制，建立高额费用项目的获取刹车机制。

另外，和渠道公司是有蜜月期的，蜜月期一定会过去。在蜜月期过去前，尽量调动渠道公司把项目作为主打产品，做渠道资源整合的全面发动。然后，在蜜

月期过去后要降低渠道公司费率，但要通过合理的付款机制控制。

企业要善于自建渠道以降低营销费用。如果企业在区域市场的布局颗粒度高，自建渠道的底牌就更大了，可通过自建渠道适当降低对外部渠道公司的依赖。可以被渠道公司一时绑架，但不可以一直被绑架。

五、费用策划不合理导致阶段费用超支

很多项目营销负责人不会算账，不会整盘算账，不会算小账。或是不善于把整盘费用在不同销售周期分解，在前期分摊费用和前置费用比例过高，导致整体费用花超，后期无费用可用。

当然，有的负责人是赌徒心态做短期行为，揣着明白装糊涂，刻意把费用不合理比例前置到前期，如果运气好一举打开市场就赌赢了，寄希望于用广告轰炸解决一切问题。如果没赌赢，大不了换个平台。这是典型的惰政。所以，集团对费用的周期划分是需要专业监管的，所有营销费用的策划都应该是整盘费用策划下的年度或周期分解，每一笔营销费用都要考量计算它的人均客户获取成本和费效比。

第二节　费用控制办法

费用控制，一定要实现营销聚焦和推广手段聚焦。比如在三线城市，推广手段最多使用三种就可以了，活动、户外广告是其中两种，做到极致就可以了。不要大网撒鱼，打到哪里是哪里。费用控制从每个维度每个管控点做起，要精打细算，从小处做起，从案名开始。

案名超过三个字的是浪费有限的营销费用（指项目案名，集团名称在前面的

除外）。下面，我们以单立柱广告为例来阐述。

　　如果一个单立柱的宽度是8米×16米，128平方米，按照80%的空间使用效率，单立柱的真正可用于排版的有效宽度是6米。如果案名LOGO的比例大体占据五分之一的比例，意味着LOGO的宽度是1.2米。如果一个项目的案名是捆绑集团名称的，集团名称有三个字，加上后面的项目案名一共 6个字。那么，这6个字的平均宽度是20厘米（要扣除中间的5个间隙）。案名每多加一个字，意味着大小要缩减六分之一，再扣除一个间距，意味着宽度较小——为15厘米。

　　如果单立柱每年的租赁费为100万元（还不包含换画面费用和设计成本）。该单立柱距离公路行车道有20米，司机的视力为1.0，则每辆车需要距离40米时才能看清案名。如果公路限速70公里，意味着汽车每秒通行距离19.44米，则40米需要约2秒通过。而这短短2秒，司机很难准确看清信息。

　　案名每多一个字，则损失司机比例为30%。如果这条道路一天通行1万辆汽车，意味着一年损失30万元。一个单立柱广告一年就损失30万元，那所有的推广加在一起，全周期会损失多少呢？

　　当然，案名如果过于精简，可能对项目的品质调性塑造和价值传递有影响，则另当别论。